SV

Band 984 der Bibliothek Suhrkamp

Hans Mayer
Ansichten von Deutschland

Bürgerliches Heldenleben

Suhrkamp Verlag

Erstausgabe

834
M45a
14 5591
Dec. 1988

Erste Auflage 1988
© Suhrkamp Verlag Frankfurt am Main 1988
Alle Rechte vorbehalten
Satz: IBV Satz- und Datentechnik GmbH, Berlin
Druck: Nomos Verlagsgesellschaft, Baden-Baden
Printed in Germany

Ansichten von Deutschland

Inhalt

Gustav Freytags bürgerliches Heldenleben

> »Meine Gebiete will ich abgezirkelt nach
> oben und nach unten.«
> Goldschmied Hicketier im
> »Bürger Schippel« von Carl Sternheim

Ein deutscher Bucherfolg, der sich ziemlich genau 90 Jahre lang hielt, eine Jahrhundertwende überdauerte, ein Deutsches Kaiserreich unter preußischer Führung, eine Weimarer Republik, ein Drittes Reich. »Soll und Haben. Roman in sechs Büchern«. Mit einem Motto jenes Literaturwissenschaftlers Julian Schmidt, der zusammen mit Gustav Freytag zwischen 1848 und 1870 die Zeitschrift »Die Grenzboten« herausgab; eines der publizistischen Bollwerke des nationalen Liberalismus. Ferdinand Lassalle hat eine umfangreiche Streitschrift gegen besagten Julian Schmidt und seine Auffassung von deutscher Literaturgeschichte verfaßt. Aber was Schmidt und Freytag ihrerseits von Ferdinand Lassalle und anderen jüdischen, bürgerlich entgleisten Arbeiterführern hielten, kann man an den typischen Intellektuellenfiguren der Romane von Wilhelm Raabe, Gustav Freytag, und natürlich auch von Felix Dahn, nachlesen. Für sie alle gibt es zumeist noch den guten neben dem schlechten Juden. Bei Felix Dahn treten solche Judengestalten aus dem bürgerlichen 19. Jahrhundert sogar mitten unter den Ostgoten auf. Der schlechte Jude Jochem ist feige und trägt im Gesicht, wie Felix Dahn mitteilt, die listige Berechnung »seiner Rasse«. Im »Hungerpastor« von Wilhelm Raabe wird Moses Freudenstein, ganz wie Ferdinand Lassalle, zum Hegelianer, Verehrer Heinrich Heines, zum politischen Denker in der Nachfolge Machiavellis. Sein deutscher Gegenspieler Hans Unwirrsch studiert zum selben Zeitpunkt getreulich den Doktor Martinus Luther.

Sie alle, die Julian Schmidt und Gustav Freytag, Felix Dahn und (in seinem Frühwerk) auch Wilhelm Raabe, lehnten den intellektuellen Juden, das Hegelianertum, die Arbeiterbewegung und alle Art des über Deutschland hinausblickenden »weltbürgerlichen Denkens« ab: gleichsam als negative Totalität. Man war national-deutsch und bürgerlich-liberal. Erst recht nach der Niederlage einer bürgerlichen Revolution des Jahres 1848, die sich dann zur proletarischen Erhebung erweiterte und vom preußischen »Kartätschenprinzen« Wilhelm, dem späteren deutschen Kaiser, gewaltsam niedergeschlagen wurde, legte man Wert auf die klassenmäßig bürgerliche Esoterik. Abgezirkelt nach oben wie nach unten. Undurchlässig nach oben zur Welt der Fürsten und Junker, erst recht nach unten: zu den Arbeitern, Tagelöhnern und den Gutsknechten der Großgrundbesitzer.

Die bürgerliche Welt war eine Totalität der Mitte, wobei man, in unbewußter Nachahmung einer Formel des Aristoteles, *diese Mitte an sich als moralischen Wert* postulierte. Der Begriff der Mesotes hatte in der Aristotelischen Ethik die Funktion, den moralischen Wert als eine Vermeidung aller extremen Haltungen zu verstehen. Mut ist zu definieren als Vermeidung sowohl der Tollkühnheit wie der Feigheit. Gotthold Ephraim Lessings Dramaturgie hat immer wieder mit dieser Formel gearbeitet, worin sich, über die Jahrhunderte hinweg, eine bürgerliche Mitte in Deutschland zu erkennen pflegte. Der Roman »Soll und Haben« ist nach allen strengen Regeln jener Dramaturgie des Aristoteles, der Gustav Freytag auch als Literaturtheoretiker nachzustreben pflegte, angelegt worden.

Die Mitte: das ist der deutsche, wirtschaftlich arbeitende Bürger. Alles ist hier als positiver Wert interpretiert: deutsch, bürgerlich, kaufmännisch. Die Handarbeit gehört in den unteren Bereich. Das undeutsche Judentum in der dreifachen Spielart als Veitel Itzig, Hirsch Ehrenthal und Bernhard Ehrenthal wird als Außenseitertum verstanden und abgelehnt. Über höfliche Fremdheit bei einer Tee-Einladung, die den Freiherrn von Fink, den deutschen Bürger Anton Wohlfart und den jüdischen Schöngeist Bernhard Ehrenthal zusammenführt, reicht die Assimilation nicht hinaus.

Arbeit ist werthaft, wenn sie von tüchtigen Kaufleuten vom Schlage der Firma T. O. Schröter betrieben wird. »Der Roman soll das deutsche Volk da suchen, wo es in seiner Tüchtigkeit zu finden ist, nämlich bei seiner Arbeit.« So hatte es Julian Schmidt gefordert. Gustav Freytag suchte diesem Postulat nachzukommen und stellte besagten Satz als Motto dem Buch »Soll und Haben« voran. Die Arbeit des deutschen Volkes war also Arbeit im Kontor. Handarbeit war nichts als Handlangerei für das einzig arbeitsame Leben des deutschen Bürgers.

Unermeßlicher Erfolg hatte dem Buch und seinem Verfasser gedankt, seit der Roman zuerst im Jahre 1855 herauskam: gleichsam als literarische Erbaulichkeit nach der Niederlage von 1849. Gustav Freytag half mit, die Welt einer »machtgeschützten Innerlichkeit« (um den späteren Ausdruck Thomas Manns zu gebrauchen) zu etablieren und zu verklären. Das Bürgertum war politisch und militärisch besiegt. Es verzichtete auf neue Revolte und fand sich damit ab, die einstigen nationalen Ziele durch die Träger der Gegenrevolution verwirklichen zu lassen. Deutsche Einigung »von oben«: mit Hilfe von »Blut und Eisen«, wie es Bismarck formuliert hat. Das Deutsche Reich vom 18. Januar 1871 hatte, nach Bismarcks Entwurf, gleichfalls Gebiete von oben und unten abgezirkelt. Auch hier entstand eine Dreiteilung im Sinne der soziologischen Struktur des Romans »Soll und Haben«.

Die Macht war repräsentiert durch einen Bund fürstlicher Regierungen im Gesamtbereich des neuen Kaisertums, innerhalb der einzelnen Monarchien aber, vom Königreich Preußen bis zum Fürstentum Schaumburg-Lippe, durch eine aristokratische Oberschicht der Offiziere, Regierungspräsidenten und Landräte. Bis hinab zum Amtsvorsteher von Wehrhahn im »Biberpelz« von Gerhart Hauptmann. Es war jene Oberschicht, die im Kaiserreich und auch noch in den ersten Jahren der Weimarer Republik von Standes wegen in der ersten Eisenbahnklasse zu fahren hatte. Die Anton Wohlfarts fuhren, bewußt sich bescheidend und einordnend, in der zweiten. Das Kleinbürgertum saß auf den Holzbänken der dritten Klasse. Proletarier und Plebejer konnten sich nur die viehwagenähnlichen Abteile der vierten Klasse leisten.

Solcher Abgrenzung nach oben entsprach im Reich Otto von Bismarcks die strenge Trennung zwischen Bürgertum und arbeitender Welt im Sinne der bloßen Handarbeit. Der Nationalliberalismus nach 1871 stand zwar immer wieder in Einzelfragen mit bescheidener Auflehnung vor dem mächtigen Reichskanzler, doch mit Bismarcks Sozialistengesetz fühlte man sich einverstanden. Die Freiheitssphäre, welche der Mitte eingeräumt wurde, war eine solche der Bildung und des Besitzes. Hier war jene Bürgerwelt zu finden, zu der sich Gustav Freytag immer wieder bekannt hat. Sie war machtgeschützt, was heißen sollte: ohnmächtig. Eine Welt der Geschäfte und der folgenlosen geistigen Spekulation. Wobei Gustav Freytag, einstiger Student der Germanistik mit Promotion und Habilitation, der Schüler Hoffmanns von Fallersleben und Karl Lachmanns, Dozent für Deutsche Sprache und Literatur an der Universität Breslau, eine geistige Spekulation, die er positiv bewertete, als Professorenarbeit verstand, nicht als Literatentreiben.

Die beiden Romane »*Soll und Haben*« von 1855 und »*Die verlorene Handschrift*« von 1864 sind komplementäre Schöpfungen. Sie gehören zusammen als Bündnis von Bildung und Besitz. Dem aufstrebenden und aufrichtigen Kaufmann Anton Wohlfart entspricht der Ordentliche Professor Felix Werner, ein Latinist und Graezist. Beide müssen sich, unter schweren Anfechtungen, nach oben wie nach unten gesellschaftlich abzirkeln. In beiden Fällen ist die gesellschaftliche Distanz von Gustav Freytag als *moralische Diskriminierung* gedeutet. Man hat sich abzugrenzen gegenüber kaufmännischen Dilettantismen eines Freiherrn von Rothsattel in »Soll und Haben« wie von den Intrigen eines kleindeutschen Fürstenhofes, wo auch die adlig-sündige Verderberin bereitsteht, in der »Verlorenen Handschrift«.

Schneidender und krasser ist die Abgrenzung zur Untersphäre. Das sind für den guten Jungen Anton Wohlfart und seinesgleichen die jüdischen Wucherer, denn ehrliche Kaufleute sind offenbar nur die Deutschen. Tückische Polen im Grenzland Oberschlesien. Zu schweigen von der Verbrecherwelt im Oderviertel von Breslau, wo sich Veitel Itzig herumtreibt. »Itzig war keine auffallend schöne Erscheinung; hager, bleich, mit rötlichem krausem Haar, in einer alten Jacke und defekten Beinkleidern sah er so aus, daß er einem Gendarmen ungleich interessanter sein mußte als

anderen Reisenden. Er war aus Ostrau, ein Kamerad An-
tons von der Bürgerschule her. Anton hatte in früherer
Zeit Gelegenheit gehabt, durch tapferen Gebrauch seiner
Zunge und seiner kleinen Fäuste den Judenknaben vor
Mißhandlungen mutwilliger Schüler zu bewahren; seit diesem Tage hatte Itzig eine gewisse Anhänglichkeit an ihn
gezeigt.«

Die Unterwelt zur ehrsamen akademischen Bürgerlichkeit
in der »Verlorenen Handschrift« wird gebildet durch Leute
ohne Habilitation und Promotion, vielleicht gar ohne das
Abiturium. Sie sind zu allem fähig, sogar – wenn sie zufällig
Privatgelehrte sein sollten – zur Fälschung antiker Hand-
schriften. Die nationale und liberale Bürgerwelt aus Bildung
und Besitz hatte damit nichts zu tun.

In Gustav Freytags Literaturschöpfungen geht alles harmo-
nisch auf: ganz ohne Rest. Das im Kaiserreich höchst be-
liebte Lustspiel »*Die Journalisten*«, das ein Jahr vor »Soll
und Haben« erschien (1854), arbeitet mit demselben
Schema. Der langweilige Schematismus ging einem Theodor Fontane schon im Jahre 1886, als Gustav Freytag auf der
Höhe seines Ruhms stand, allseits verehrt und mit dem Titel
Exzellenz ausgezeichnet, auf die Nerven. Bei einer Neuaufführung von Freytags Drama »Graf Waldemar« (1850)
meinte Fontane, die Ausgrabung eines Schliemann sei positiver zu bewerten als die theatralische Ausgrabung des Stük-
kes »Graf Waldemar«: »Wir begegnen dem Tone der vierzi-
ger Jahre, dem Tone der superioren Schwerenöter und
sehen, und das ist die Hauptsache, Gustav Freytag im Beginn seines Schaffens, im ersten Anlauf zu seinem Ruhme.
Fink, Bolz, Schmock, sie alle stecken bereits in diesem
Stück…«

Der Schematismus dieser Figuren hat mit dem gesellschaftlichen Schematismus eines Denkens der bürgerlichen Mitte zu tun. Der Winkeljournalist Schmock ist die etwas sonnigere und deutsche Unterweltsgestalt als Gegenstück zum Veitel Itzig. Der bürgerliche Erfolgsjournalist Konrad Bolz ist der Suada nach zwar ein Gegenstück zum unerträglich geistreichen Baron von Fink aus »Soll und Haben«, viel stärker jedoch verwandt dem heldenhaften Anton Wohlfart. Dieses erste und auf lange Zeit hin so erfolgreiche Lustspiel einer bürgerlichen Heroik, das man allen Ernstes mit dem »Zerbrochenen Krug« und mit »Minna von Barnhelm« zu vergleichen pflegte, spielt unter arbeitenden Menschen von Bildung und Besitz: Professoren und Zeitungsleuten, auch Rentnern natürlich. Es gibt kleinere Differenzen zwischen Konservativen und Liberalen, das versteht sich, doch ist man in der Sache, der Mitte nämlich, unter sich einig. Schließlich heiratet Konrad Bolz das adlige Fräulein, was in »Soll und Haben« nachher als Mesalliance ausdrücklich vermieden wird, weil dort der Baron die Baronesse heiratet, der Bürger jedoch die Bürgerin. Dem Chefredakteur Konrad Bolz kauft man die Zeitung, die er herausgibt. Nun vereint er in seiner Person die Bildung und den Besitz. Auch dieses Lustspiel Gustav Freytags hatte das deutsche Volk dort gesucht, wo es in seiner Tüchtigkeit zu finden war, nämlich im Büro.

Den Höhepunkt einer objektiven Komik erreicht Gustav Freytag in seinem Spätwerk »Die Ahnen«, einem Romanzyklus, der nach Gründung des Kaiserreichs entworfen und in den Jahren 1872 bis 1880 von der germanischen Völkerwanderung bis zum Jahre 1848 geführt wurde. Aus germanischen Königen wurden nachgerade und allmählich die deutschen Bürgersleute mit dem Familiennamen König. Immer wieder brennt ihnen das Haus ab, doch immer bleiben sie deutsch, national und bürgerlich. Im Schlußroman »Aus einer kleinen Stadt« wird man endlich, ohne unechte historische Kostümierung, in die Vorwelt des Nationalliberalismus geführt. Die deutsche Geschichte mündet in die Kleinstadtwelt eines Privatdozenten, der sich, ganz wie sein Autor Gustav Freytag, mit literaturtheoretischen Spekulationen über Lessing und Aristoteles abgibt. Im Gegensatz zu Freytags bedeutender Textsammlung »Bilder aus der deutschen Vergangenheit«, die es gewagt hatte, auch Zeugnisse der plebejischen Literatur und der Revolte neben die Dokumente aus einer Welt der Herrschenden aufzunehmen, verblüfft das Spätwerk »Die Ahnen« bloß noch durch die unbekümmerte Rück-Projizierung nationalliberaler Bürgerheroik in die Welt der Völkerwanderung, des Mittelalters, des Dreißigjährigen Kriegs.

So viel literarische Harmonik, die ganz unangefressen war von Zweifeln am eigenen Tun und an der Lobeswürdigkeit dessen, was gelobt wurde, hat Gustav Freytag zum deutschen Volksschriftsteller gemacht. Ein Vergleich seiner glatten Konstruktionen und hintergrundlosen Schilderungen, die den Figuren niemals ein Eigenleben zugestehen, weil sonst die Konstruktion gestört würde, mit den gleichzeitig zu Freytag entstandenen Hauptwerken *Gottfried Kellers* ist vernichtend für den Autor von »Soll und Haben«. Es gibt bei Freytag nicht die dunklen, pessimistischen Unterströmungen wie beim späteren Wilhelm Raabe, bei Wilhelm Busch, sogar bei jenem Fritz Reuter, dem Gustav Freytag im Jahre 1874 einen klischeehaften und etwas gönnerhaften Nachruf schrieb. Gustav Freytag meinte weit mehr sich selbst als die oft unheimlichen Schilderungen Reuters, des einstmals zum Tode verurteilten Rebellen, wenn es in diesem Nachruf heißt: »Auch den kleineren Kreisen des Volkslebens, wo die Tage mit harter und ernster Arbeit erfüllt sind und die Strahlen der Kunst das Dasein sonst nur spärlich verschönern, hat dieser Dichter die Familie, das Hauswesen, die Arbeit verklärt wie kein anderer.«

Nun wird man alles wiederlesen können. Sie sind wieder da, die wackeren deutschen Mädchen, die adlige Lenore, die bürgerliche Sabine: immer ein bißchen Minna von Barnhelm und ein bißchen Gertrud Stauffacher. Und Hirsch Ehrenthal ist wieder da, der jüdische Wucherer mit weichem Herzen, der schlecht Deutsch spricht, indem er an den jiddischen Satzkonstruktionen festhält, was der Germanist Freytag zu verachten scheint, dabei aber vergißt, wie viele Elemente des Mittelhochdeutschen eben in dieser jiddischen Sprache überliefert werden konnten. Veitel Itzig ist wieder da, und es führt ein gerader Weg von dieser bösartigen Karikatur zu den späteren Judenfratzen eines Julius Streicher. Der Freiherr von Fink kommt mit ihnen zurück. Er ist offenbar witzig und beredt, nach Meinung des Romanciers, und leidlich liberal, besucht einen guten Juden, freundet sich an mit dem Kleinbürgersohn eines Kalkulators Wohlfart aus der schlesischen Kreisstadt Ostrau. Doch ein Nachfolger der adligen Aufklärer aus dem 18. Jahrhundert, des Geheimrats von Berg bei Lenz, des Karl Moor und Ferdinand von Walter bei Schiller, ist Freytags Baron Fink im mindesten nicht. Wieder muß man deutsche bürgerliche Bekenntnisse lesen wie dieses hier, das Anton Wohlfart, umgeben von Polen, verkündet: »Um uns herum ist für den Augenblick alle gesetzliche Ordnung aufgelöst, ich trage Waffen zur Verteidigung meines Lebens und wie ich hundert andere mitten in einem fremden Stamm. Welches Geschäft auch mich, den einzelnen, hierher geführt hat, ich stehe jetzt hier als einer von den Eroberern, welche für freie Arbeit und menschliche Kultur einer schwächern Rasse die Herrschaft über diesen Boden abgenommen haben. Wir und die Slawen, es ist ein alter Kampf. Und mit Stolz empfinden wir: auf unserer Seite ist die Bildung, die Arbeitslust, der Kredit.«

Anton Wohlfart (und sein Romancier) ist nicht kleinlich: sogar die deutschen Schafe sind besser als die polnischen: »Durch unsere Schafe sind ihre wilden Herden veredelt.« Da konnte es, bei so viel Überlegenheit, nicht fehlen, daß der Sieg dem Tüchtigeren gewährt wurde.

Es ist anders gekommen. Als man, getreu solchen Maximen des Kolonialismus, nun auch noch ganz Polen und auch noch das Getreide der Ukraine veredeln wollte, trat eine Wendung ein. Polnische Germanisten arbeiten jetzt mit den Bücherschätzen der Breslauer Universitätsbibliothek aus der Zeit des 17. Jahrhunderts. Die Wohlfarts und Finks sind aus der Odergegend verschwunden. Wer heute den Roman »Soll und Haben« liest, wird konfrontiert mit einer geschichtlichen Erfahrung, die nicht mehr kritiklose Einfühlung des Lesenden zuläßt. Müßig zu fragen, ob Gustav Freytag Verantwortung trägt für alles, was dann kam. Ohne weiteres abzutun ist die lästige Frage nicht, denn ein so unermeßlich wirkungsvolles und erfolgreiches Buch hat nicht bloß Erbaulichkeit bewirkt, sondern scheinbare Erkenntnis, die mithalf in der Praxis.

Gustav Freytag war ein liberaler Mann und auch ein Achtundvierziger mit geringen Vorurteilen. Er ist kein »Vorläufer«. Allein der Nationalliberalismus hat mit Hilfe solcher Thesen von Bildung und Besitz, machtgeschützter Innerlichkeit, bürgerlicher Heroik den Weg vorbereitet für eine Politik, die alles zerstören sollte: die Abzirkelung der bürgerlichen Mitte nach unten und nach oben; die Solidität des deutschen Kaufmanns; die deutsch-jüdische Lebensgemeinschaft; nicht zuletzt das Deutschtum an Oder und Neiße.

(1977)

Conrad Ferdinand Meyer:
Jürg Jenatsch und Bismarck

Der Züricher Patriziersohn Conrad Ferdinand Meyer, aus einem alteingesessenen und wohlhabenden Geschlecht stammend, hat niemals Nahrungs- und Geldsorgen gekannt. Dennoch lebte er ein schweres Leben. Wer die Stationen dieses Daseins verfolgt, das sich über dreiundsiebzig Lebensjahre erstreckte, spürt den Druck der Lasten, die dieser Künstler zu tragen hatte. Die Jugendjahre sind gleichbedeutend mit schweren seelischen Erschütterungen, so daß es zeitweise notwendig wurde, den Schwerbelasteten von der Umwelt abzusondern. Seit dem Ausgang der achtziger Jahre erfaßt den Alternden von neuem das Nervenleiden. Schwere Angstvisionen tauchen auf, Selbstmordgedanken, er vernichtet einen Teil seiner Manuskripte; im Juli 1892 muß er für einige Zeit erneut in der Nervenheilanstalt Königsfelden bei Zürich untergebracht werden.

Diesem ungewöhnlichen, in vielem tragischen Lebenslauf entspricht eine durchaus ungewöhnliche Schaffenskurve. Meyer ist alles andere als ein genialisch frühreifer Künstler, der in jungen Jahren mit Dichtungen hervorgetreten wäre, vergleichbar der jugendlichen Meisterschaft Goethes, Schillers oder Büchners. Der spätere Dichter des »Jürg Jenatsch« oder der »Versuchung des Pescara« erlebt auch nicht, wie der von Anfang an von der Gemütskrankheit bedrohte Jakob Michael Reinhold Lenz, einen dichterischen Jünglingsaufschwung, dem bald darauf ein Ermatten des Geistes und völliges Versiegen der schöpferischen Quellen gefolgt wäre. Man spürt in den vielfältigen wissenschaftlichen und künstlerischen Bemühungen des jungen Zürichers das mittelpunktlose und dilettantische Suchen eines offenbar Unbegabten. Conrad Ferdinand Meyers wichtigste Gedichte reichen, wie man heute weiß, im ersten Entwurf meist bis in die Jugendzeit zurück; allein die ersten Entwürfe sind fast immer in einem Maße unzulänglich, daß man bei einem Vergleich dieser jammervollen ersten Fassungen mit der weit späteren endgültigen Meisterform zwischen der Bewunderung für die Zähigkeit des Dichters und der Erschütterung über den Kontrast zwischen diesen Extremen des höchst Dilettantischen und des höchst Meisterhaften schwanken muß.

Conrad Ferdinand Meyer war ein schwer ringender, langsam und qualvoll reifender Dichter. Allein seine Laufbahn läßt sich auch nicht mit den gleichfalls ungewöhnlichen, aber viel organischeren Künstlerwegen seines Landsmannes Gottfried Keller oder mit der späten Erzählmeisterschaft Theodor Fontanes vergleichen. Der Abstand, der die künstlerischen Jugendprojekte des Zürichers Gottfried Keller, der sechs Jahre älter war als Meyer, vom späteren Meisterschaffen trennt, ist nicht im entferntesten so groß wie der künstlerische Wertunterschied zwischen den »Zwanzig Balladen von einem Schweizer«, die Meyer als Neununddreißigjähriger im Jahre 1864 herausgab, und der ersten Sammelausgabe seiner Gedichte aus dem Jahre 1882. Dreiundsiebzig Lebensjahre: allein nur zwei Jahrzehnte davon kann man als wirkliche Schaffensjahre bezeichnen.

Es ist im wesentlichen die Zeit zwischen 1870 und 1890: der Zeitraum zwischen dem fünfundvierzigsten und dem fünfundsechzigsten Lebensjahr. Die Versdichtung »Huttens letzte Tage« (1871) steht am Beginn dieser Schaffenszeit: Kraft, Aufschwung, Lebensfülle sind in diesen Versen zu spüren. Das Bild der Renaissance und Reformation, das

Conrad Ferdinand Meyer entwirft, ist in starken, lebensvollen Farben gemalt: man spürt das Vertrauen in die endlich errungene Schaffenskraft; man fühlt ihn aber zugleich im Einklang mit den vorwärtsdrängenden geschichtlichen Strömungen seiner Zeit, *vor allem der deutschen Einigungsbewegung,* der er sich – obwohl Schweizer von Geburt – innerlich verbunden weiß. Seine letzte vollendete Erzählung dagegen, »Angela Borgia« (1891), bildet in allem den Widerpart zum »Hutten«. Meisterhaft ist auch hier die Form; abermals ist die Welt der Renaissance beschworen; allein eine untergehende Welt wird hier in düsteren Farben geschildert: hartnäckig und mit einer quälend-qualvollen Vorliebe häuft der Erzähler die Szenen der Folter, des Mordes, der Herrschsucht, Ungerechtigkeit, körperlichen und seelischen Leides. Angst und Qual verrät dieses letzte Werk ebensosehr, wie der »Hutten«, auch wenn es sich stofflich um die Geschichte eines Sterbenden gehandelt hatte, von Lebenskraft und Zuversicht erfüllt gewesen war.

Der »Jürg Jenatsch« entstand 1874. Er wurde im gleichen Jahr in der Zeitschrift »Literatur« abgedruckt. Die von Meyer abermals überarbeitete und ausgefeilte endgültige Fassung erschien als Buchausgabe im Jahre 1876. Die *Bündnergeschichte* ist also die Schöpfung eines Fünfzigjährigen. Sie ist bis heute Conrad Ferdinand Meyers bekanntestes und volkstümlichstes Werk geblieben.

Auch diese Dichtung ist langsam und schwer gewachsen. Stoff und Thema reichen bis in die scheinbar oder wirklich unschöpferischen frühen Mannesjahre zurück. Schon Anfang der sechziger Jahre findet man Conrad Ferdinand Meyer, der jahrelang umfangreiche Geschichtsstudien betrieben und sich (wohl um der Furcht vor neuem künstlerischem Scheitern zu entgehen) der Geschichtswissenschaft zugewandt hatte, mit dem Jenatsch-Thema beschäftigt. Noch bevor der Durchbruch zum Künstlertum gelungen war, wie das sein Biograph Robert Faesi später genannt hat, also noch vor dem Jahre 1868, finden wir Meyer so fest entschlossen, den Bündner-Stoff zu gestalten, daß er im Jahre 1866 das Land Graubünden in allen Richtungen durchreist, um sich neben der Kenntnis der geschichtlichen Quellen auch genaue Lokalkenntnis, die Grundlage für die entscheidenden dichterischen Visionen, zu verschaffen. Dennoch braucht er noch ein ganzes Jahrzehnt, von 1866 bis 1876, um aus Quellenkunde des Historikers, Anschauung des Reisenden, Formbewußtsein des Erzählers und Ergriffenheit des Zeitgenossen von den geschichtlichen Ereignissen der Jahre 1866, 1870/71 sein Meisterwerk zu formen: die Geschichte des Georg Jenatsch im Ereignisstrom des Dreißigjährigen Krieges.

Ebensowenig wie die *Hutten*-Dichtung darf die Bündnergeschichte dazu verführen, hier ein Werk des Historismus zu erblicken, also eine Geschichte aus lange zurückliegenden Jahrhunderten, die ihr Erzähler berichtet, weil sie farbig und interessant sein mag, ohne daß sie durch Stoff und Gehalt eine unmittelbare Beziehung zur eigenen Lebenszeit des Dichters besessen hätte. Die Verse der Dichtung »Huttens letzte Tage« sind unverkennbar geformt worden in der Begeisterung, die dieser für Deutschland entflammte Züricher beim Anblick des nunmehr von Bismarck »mit Blut und Eisen« geeinten Deutschen Reiches empfand. Auch der gleichfalls 1870 abgeschlossene Prozeß des Risorgimento, der *italienischen nationalen Einigungsbewegung,* hatte in dem von Italiens Land, Volk und Geschichte so mächtig angezogenen Dichter eine tiefe Zustimmung erregt; auch dies war der *Hutten*-Dichtung zugute gekommen.

In wesentlichen Zügen trägt auch der »Jürg Jenatsch« die Prägung jener Jahre, die in der stillen Welt des schweizerischen, abseits stehenden »Beobachters« eine anteilnehmende Begeisterung hervorgerufen hatten, ohne daß es dabei, nach dem Willen Meyers, zu irgendeiner politischen Tätigkeit oder gar zur praktischen Mitwirkung beim geschichtlichen Ablauf gekommen wäre.

Es war politische Begeisterung: *aber es war der Enthusiasmus eines Zuschauers.* Die Auseinandersetzung zwischen Deutschland und Frankreich, die Niederlage des Zweiten Kaiserreichs in Frankreich und das Erstehen eines Deutschen Kaiserreichs, die in Frankreich ausgerufene Dritte Republik und vor allem die Tage der Pariser Kommune waren auch in der Schweiz keineswegs neutral und leidenschaftslos beurteilt worden. Auch für einen Schweizer wäre damals im eigenen Lande die praktische politische Tätigkeit durchaus möglich gewesen, ohne daß er es nötig gehabt hätte, an der Seite der deutschen Truppen, im Kreis der Pariser Kommunarden oder in den Reihen Garibaldis mitzukämpfen. Conrad Ferdinand Meyer war leidenschaftlich ergriffen, aber diese Ergriffenheit verwandelte sich in Schöpfertum. Er hat diesen Vorgang selbst genau beschrieben: »Der große Krieg, der bei uns in der Schweiz die Gemüter zwiespältig aufgeregt, entschied auch einen Krieg in meiner Seele. Von einem unmerklich gereiften Stammesgefühl jetzt mächtig ergriffen, tat sich bei diesem weltgeschichtlichen Anlasse das französische Wesen ab, und innerlich genötigt, dieser Sinnesänderung Ausdruck zu geben, dichtete ich ›Huttens letzte Tage‹.« Die Flamme aber, die hier entfacht worden war, verstand er zu hüten.

Auch die endgültige Gestalt, die der »Jürg Jenatsch« schließlich erhielt, wurde durch den Ablauf der Ereignisse von 1866 bis 1871 geprägt. Daraus ergab sich sogar die sonderbare Konstellation, daß der »Jenatsch« bei seinem Erscheinen im Jahre 1876 noch deutlich die Spuren von Ereignissen an sich trug, welche in der geschichtlichen Entwicklung als bereits überholt angesehen werden mußten. Conrad Ferdinand Meyers Bündnergeschichte, deren Grundthema gleichgesetzt werden kann mit dem Problem eines nationalen Einigungs- und Unabhängigkeitskampfes, erschien fünf Jahre nach dem Abschluß der deutschen und italienischen Einigung. Sie traf aber in ihrem Erscheinungsjahr bereits, in Deutschland jedenfalls, auf ein Publikum, das sich mit Konflikten ganz anderer Art zu beschäftigen hatte. Dem Jubel über die Reichseinheit war der große Wirtschaftsaufschwung gefolgt, den fünf Milliarden Goldfranken französischer Kriegsentschädigung hervorgerufen hatten. Der Wirtschaftsaufschwung hatte neben echtem Wohlstand auch eine Menge Schwindelunternehmen hervorgebracht; die Gründerkonjunktur verwandelte sich in die Gründerkrise. Das Bismarck-Reich war von schweren wirtschaftlichen, sozialen, politischen und kulturellen Spannungen erfüllt.

Nun war es nicht so, daß der »Jürg Jenatsch« damals wie ein verspätetes und damit leicht komisch gewordenes Geburtstagspoem für das neugegründete Deutsche Reich gewirkt hätte. Zwar vermittelten Stoff und Gehalt der Geschichte immer noch den Enthusiasmus der Kampfjahre eines deutschen und italienischen Risorgimento, allein *auch die innere Zwiespältigkeit dieser Staatsgründungen* und ihrer Gründer in Deutschland und Italien, *Bismarcks vor allem,* war von Conrad Ferdinand Meyer bei aller Begeisterung genau erkannt worden: so konnte es ihm gelingen, in der Geschichte seines Jürg Jenatsch sowohl den Schwung einer Nationalbewegung wie die moralisch-politische Fragwürdigkeit eines solchen »von oben« gelenkten, unter Mißbrauch des Volkes vollzogenen Einigungsvorgangs künstlerisch zu gestalten. Ist es daher richtig, in Meyers Bündnergeschichte ebenso wie im »Hutten« noch einen Reflex nationaldeutscher Begeisterung des Dichters zu sehen, so weist der »Jürg Jenatsch« doch nicht minder deutlich und unverkennbar auch schon all jene Züge auf, die für den Geschichtspessimismus vor allem der späteren Werke Conrad Ferdinand Meyers so bezeichnend werden sollten.

Das *eine* Thema des »Jenatsch« ist im National- und Unabhängigkeitsmotiv zu finden. Das kontrapunktisch dagegengesetzte *Gegenthema* aber wird gebildet durch die Frage nach der *Funktion der »Macht«* und überhaupt nach der Rolle der »Persönlichkeit in der Geschichte«. Die Eigenart des Buches liegt gerade darin, daß diese beiden kontrastierenden Themen und Thesen nicht etwa auf Spieler und Gegenspieler dergestalt aufgeteilt sind, daß der eine in »reiner« Form das nationale Unabhängigkeitsstreben, der andere das skrupellose Machtstreben verkörpert hätte. Kunst und Reiz der Erzählung sind vielmehr darauf gegründet, daß dieser echte Konflikt in ein und derselben Gestalt, nämlich in der des Jürg Jenatsch, ausgetragen wird.

Die Mittelpunktgestalt Georg Jenatsch gehört zur Gruppe jener Figuren, die von ihrem Dichter unter bewußtem Verzicht darauf geschaffen wurden, ein geheimes Einvernehmen zwischen Autor und Helden erkennen zu lassen. Jenatsch besitzt kaum eine Eigenschaft, die gleichzeitig als Charakterzug Conrad Ferdinand Meyers bezeichnet werden könnte. Im Gegenteil ist in der Forschung häufig hervorgehoben worden, daß Jenatsch durchaus das eigentümliche Wesen einer Kontrastfigur aufweist. Wenn Zeitgenos-

sen und spätere Deuter darin übereinstimmen, den großen
Lyriker und Erzähler aus Zürich als passiv, distanziert gegenüber seiner Umwelt, als reizempfänglich und erregbar
zu empfinden, so ist Jenatsch vor allem ein Mann des Tuns,
des Wirkungswillens, er ist nahezu in einem übertriebenen
Sinne Mann und männlich; er ist undurchschaubar und offensichtlich einer geistigen Lenkung im Kern unzugänglich.
Dennoch wäre es wahrscheinlich ein Versuch des müßigen
Psychologismus, die Beziehung zwischen Schöpfer und Geschöpf aus einer Art von Liebe oder Haßliebe des Dichters
zu seinem Gegenbild verstehen zu wollen. Es liegt wohl
überhaupt keine ernsthaft affektive Bindung vor.
Jürg Jenatsch gehört für Meyer ersichtlich zur Gattung jener dichterischen Figuren, deren Vorbild Schiller nach seinem eigenen Geständnis mit der Gestalt seines Wallenstein
hatte schaffen wollen; aus Jena hatte Schiller am 21. März
1796 darüber an Wilhelm von Humboldt geschrieben, indem er die Nutzanwendung allgemeiner Betrachtungen
über idealistische und realistische Dichtung auf die projek-
tierte Dramengestalt des Wallenstein zu ziehen suchte: »Er
hat nichts Edles, er erscheint in keinem einzelnen Lebensakt
groß; er hat wenig Würde und dergleichen. Ich hoffe aber
nichtsdestoweniger, auf rein realistischem Wege einen dramatisch großen Charakter in ihm aufzustellen, der ein ech-
tes Lebensprinzip in sich hat.« In hohem Maße gilt das auch
für die Figur des Jenatsch. Conrad Ferdinand Meyer hat
darum im Verlauf seiner Erzählung nichts unterlassen, um
die einzelnen Taten seines »Helden« und dessen Gesamtge-
stalt im Zwielicht moralischer Fragwürdigkeit erscheinen
zu lassen. Gewiß besitzt Jenatsch Züge der Größe, er ist, besonders in den Erinnerungen des Schulkameraden und
künstlerisch zu ihm kontrastierenden Züricher Stadtbür-

gers Heinrich Waser, vor allem in seiner Jugend und in seinen politischen Anfängen, als Mann von großer physischer und geistiger Anziehungskraft geschildert. Die weitere Entwicklung Jenatschs aber läßt den Leser auf die Dauer sogar diese ursprünglich als positiv und erfreulich empfundenen Charakterzüge als fragwürdig empfinden. Indem Conrad Ferdinand Meyer aus künstlerischen Gründen jedesmal unentschieden läßt, ob die nach außen hin heldenhaft erscheinenden Taten des Bündners der Großherzigkeit oder berechnender Kälte zuzuschreiben sind, ergibt sich beim Leser die Wirkung, daß er schließlich in keinem Augenblick volles Vertrauen zur Zentralgestalt des Buches aufzubringen vermag.

Den Höhepunkt dieser »Verwirrungstaktik« des Dichters, wie man es nennen könnte, finden wir im siebenten Kapitel des zweiten Buches, wenn der Herzog Rohan, der Jenatsch von Herzen zugetan ist, und der venezianische Jurist und Diplomat Grimani die angeblichen Unbesonnenheiten und Tollkühnheiten des Bündners beurteilen. Der Herzog faßt zusammen: »Dieser Mensch erscheint mir unbändig und ehrlich wie eine Naturkraft.« Sofort antwortet der Venezianer: »Dieser Mensch berechnet jeden seiner Zornausbrüche und benützt jede seiner Blutwallungen!« Wo ist hier die Wahrheit? Conrad Ferdinand Meyer lehnt die Entscheidung darüber ab; dadurch aber läßt er erkennen, daß Wahrheit in beiden Urteilen zu finden sei. Diese Urteile jedoch sind so schroff gegensätzlich, daß an eine moralische »Synthese« nicht gedacht werden kann: darum verzichtet Meyer auf die einfachere, aber künstlerisch kaum befriedigende Lösung, den Jenatsch bald eindeutig im Sinne der Charakteristik Rohans, bald entschieden im Sinne der Deutung seines Charakters durch Grimani handeln zu lassen. Vielmehr bleibt – je weiter die Geschichte fortschreitet und dem harten Abschluß zueilt – jede Tat des bündnerischen Freiheitskämpfers in einem bedrückenden Maße vieldeutig und undurchschaubar. Verrät er um eines hohen idealen und nationalen Zieles willen, oder handelt er aus Machtgier und Eigennutz? Ist es ihm ernst mit der Liebe zu seinem Volk und zur Unabhängigkeit des Landes, oder mißbraucht er das Volk und seinen Einfluß auf die Menschen, um zunächst die Macht im Lande – und dann vielleicht mit ihrer Hilfe eine Art europäischer Hausmacht eines »Hauses Jenatsch« zu begründen?

Der Fall ist um so schwieriger, als Jenatsch in einer wichtigen Frage von der Anlage der Wallenstein-Gestalt bei Schiller abweicht. Über letzteren hatte sein Dichter in jenem Brief an Humboldt noch gesagt: »Unglücklicher Weise aber hat Wallenstein den Erfolg gegen sich. Seine Unternehmung ist moralisch schlecht, und sie verunglückt physisch. Er ist im einzelnen nie groß, und im ganzen kommt er um seinen Zweck. Er berechnet alles auf die Wirkung, und diese mißlingt.« Durch diese Aufgabenstellung aber gelingt es Schiller, den Untergang seines Helden gleichsam als einen Vorgang der Sühne erscheinen zu lassen. Im Untergang gewinnt sich Wallenstein das Gefühl des Lesers und Zuschauers, das ihn vorher, auf dem Höhepunkt seiner Macht und inmitten seines Handelns und Zauderns, nicht zu begleiten vermochte. *Jenatsch dagegen hat den äußeren Erfolg für sich.* Bei seinem Tode im Sinne der klassischen Dramaturgie und Poetik von »Schuld und Sühne« zu sprechen, wäre ein Mißverständnis. Sein Untergang erfolgt plötzlich, scheinbar durch die Ereignisse im mindestens nicht vorbereitet oder gerechtfertigt. Er wird gefällt, im buchstäblichen Sinne mit der Axt gefällt, im Augenblick, da er den Erfolg nicht nur scheinbar, sondern wirklich für sich hat: auf dem Höhepunkt einer Siegesfeier, die allerdings, dank der Kunst des Dichters, so eng mit dem Tod des »guten Herzogs« verknüpft ist, daß sie noch vor der eigentlichen Katastrophe als makaber und schaurig empfunden werden muß. Dennoch: Jenatsch hat gesiegt. Sein jäher Tod kann als Zufall, als unglückliche Konstellation empfunden werden. Betrachtet man den Ausgang der Bündnergeschichte nur obenhin, man wäre versucht, sie im Sinne Friedrich Hebbels als »traurig«, nicht aber als »tragisch« zu empfinden. In der Tat widerstrebt es Conrad Ferdinand Meyer, seinen Helden in der Form eines tragischen Untergangs zu zeichnen. Dennoch besitzt der Schlußakt dieses Lebens Größe, und Größe soll auch, nach dem Willen des Dichters, trotz allem im Augenblick des Sterbens um Jenatsch sein...

In dieser Form aber eines aus Gut und Böse, Leidenschaft und Kälte so seltsam gemischten Charakters offenbart sich die eigentümliche *Geschichtsauffassung* Conrad Ferdinand Meyers. Er hatte aus der Distanz, als gleichsam leidenschaftslos gestaltender Chronist das Bild eines Charakters und seiner Taten zeichnen wollen; in manchem war die Gestalt, wie schon bemerkt, als Kontrastfigur zum eigenen Ich vom Dichter angelegt. Gleichzeitig aber spürt man vor eben diesem Mischcharakter des Jenatsch eine geheime Neugier, wenn nicht gar Sympathie des Erzählers mit seinem Geschöpf. Meyer wird nicht bloß von den großherzigen, sondern insgeheim gerade von den dunklen Seiten seiner Jenatsch-Gestalt angezogen! Auch Schiller mochte seine »Bösewichter« lieben: in der Vorrede zu den »Räubern« war das sogar deutlich ausgesprochen worden. Dennoch besaß Schiller dem Tun seiner Gestalten gegenüber stets eine untrügliche Sicherheit des moralischen Urteils. Die ist dagegen dem Künstler Conrad Ferdinand Meyer, und zwar nicht bloß im »Jürg Jenatsch«, weitgehend abhanden gekommen. Wir erleben bei Meyer eine merkwürdige, oft quälende *Faszination des Bösen*. Damit hängen auch die oft peinigenden und sogar peinlichen Szenen der Grausamkeit in seinen Werken zusammen.

Es ist sicher nicht zufällig, daß im erzählerischen Werk des Züricher Patriziers der *Verrat* eine so große Rolle spielt. Verrat aber ist nicht geistige Wandlung; er ist sogar deren Gegenteil. Die Helden unserer klassischen Literatur wurden durch Taten und Umstände einer geistigen Wandlung zugeführt: Egmont, Thoas, Maria Stuart, das Mädchen von Orléans, der Prinz von Homburg. Bei Conrad Ferdinand Meyer haben wir nicht langsame Wandlungen, sondern jähe, im Charakter nicht vorbereitete, häufig der inneren besseren Einsicht widersprechende Lebensentscheidungen. Es bleibt bis zuletzt unklar, welchen geheimen Beweggründen Jenatsch gefolgt war. Es bleibt bis zuletzt unentschieden, ob der einstige Kanzler Thomas Becket, späterer Erzbischof von Canterbury, wirklich, dem Titel der Erzählung entsprechend, ein »Heiliger« war. Um den Verrat kreist die großartige Erzählung von der »Versuchung des Pescara«. Auch hier bleibt bis zuletzt unentschieden, ob Pescara zum Verräter geworden wäre ohne das Wissen um die tödliche Wunde.

Diese Eigentümlichkeit der Novellistik Conrad Ferdinand Meyers hat viel mit den damaligen Zeitereignissen und den Geschichtserkenntnissen zu tun. Daß *Bismarck* als geschichtliche Gestalt auf seinen schweizerischen Zeitgenossen großen Einfluß ausgeübt hat, ist unverkennbar. Vor allem Jürg Jenatsch trägt unverkennbare Bismarck-Züge. Das hat der Erzähler gewollt und sogar gefordert: es war

ihm darum zu tun, daß die lesenden Zeitgenossen seinen Jenatsch als eine Bismarck-Gestalt empfänden. In seiner Studie »Conrad Ferdinand Meyer und der neue Typus des
historischen Romans« sagt *Georg Lukács:* »Diese Bis-
marck-Verehrung steht im engsten Zusammenhang damit,
daß Meyer, wie die deutschen liberalen Bürger nach der 48er
Revolution, die Herstellung der nationalen Einheit, die Verteidigung der nationalen Selbständigkeit nicht mehr als Sache des Volkes ansieht, die vom Volke selbst unter Führung
von welthistorischen Individuen durchgeführt wird, sondern als ein historisches Fatum, dessen vollziehendes Organ
irgendein rätselhafter einsamer Held, irgendein rätselhaftes
einsames Genie ist.« Allein Lukács setzt auch sogleich
hinzu: »Freilich darf man den Schweizer Patrizier mit den
ordinär-liberalen Bismarck-Anhängern in Deutschland
nicht ohne weiteres vergleichen. Meyers Überlegenheit ihnen gegenüber ist aber vorwiegend die des Geschmackes,
der moralischen Empfindlichkeit, der psychologischen
Feinfühligkeit, nicht die einer tieferen Verbundenheit mit
dem Volk.« Da dem aber so ist, geht es nicht an, die Gestalt
des Jenatsch, die der Eindeutigkeit entbehren soll und eben
durch ihre Bismarck-Züge eine moralisch unheimliche Faszination auszustrahlen bestimmt ist, wieder auf die scharfen
Gegensatzkategorien von Gut und Böse zurückzuführen.
Robert Faesi behauptet: »›Der gute Herzog‹ heißt Rohan –
Jenatsch aber ist böse.«
Dem kann nicht zugestimmt werden. Rohan ist sicherlich
als Kontrastfigur zum Jenatsch angelegt, allein der Beiname
des »guten Herzogs«, den ihm die Bündner gaben, entbehrt
nicht eines ironischen Beiklangs. Rohan ist anständig und
treu, kein Verräter wie Jenatsch. Ihm ist es ebenso ernst mit
seinem Glauben, wie es dem Jenatsch damit offensichtlich

unernst ist. Das Volkslied aber vom guten Herzog, das am Schluß der Erzählung angestimmt wird und mit der Untreue des Jenatsch kontrastieren soll, kann trotzdem nicht vergessen machen, daß bei Rohan Treue und Schwäche miteinander gepaart waren. In den großen politischen Kämpfen erwiesen sich Glaubenskraft und moralische Anständigkeit des Herzogs als ebenso unwirksam gegenüber den scheinbaren politischen Notwendigkeiten, wie sich Gesinnungswandel und Glaubensindifferenz bei Jenatsch mit dem äußeren Erfolg verbunden hatten. Nach dem Willen Conrad Ferdinand Meyers ist Rohan nicht bloß eine Kontrastfigur zu Jenatsch, sondern dieser auch zum Herzog. Wenngleich der Züricher Protestant Meyer, der in dieser Erzählung und auch sonst in seinem Werk den Katholizismus und die Politik der Gegenreformation für sich selbst als feindliches Prinzip empfindet, vielleicht größere menschliche Sympathien gegenüber Rohan als gegenüber seinem Helden erkennen läßt, so darf dies nicht vergessen machen, daß er sich, trotz allem oder wegen allem, von Jenatsch stärker angezogen fühlt.

Hier verbindet sich der Bismarck-Charakter der Romangestalt mit gewissen *allgemeinphilosophischen* Zügen der Geschichtsbetrachtung des Jenatsch-Dichters. Auch Robert Faesi hat, durchaus zu Recht, darauf hingewiesen, daß man die gesamte Geschichte des Jürg Jenatsch wie eine Illustrierung zur Geschichtskonzeption *Jacob Burckhardts* ansehen dürfe, wonach die »Macht böse sei«. Vermutlich wußte der Züricher Erzähler, als er den »Jürg Jenatsch« schrieb, kaum etwas von den Gedanken, die der Baseler Professor der Kunst- und Kulturgeschichte zuerst im Wintersemester 1870/71 und dann noch einmal zwei Jahre später in einer Universitätsvorlesung entwickelt hatte; das Manuskript wurde erst nach Burckhardts Tode und aus dem Nachlaß

herausgegeben und ist seitdem unter dem Titel »Weltge-
schichtliche Betrachtungen« berühmt geworden. Allein gerade wenn man annehmen darf, daß ein unmittelbarer Einfluß Burckhardts auf Meyer nicht vorliegt, erweist sich *das
Nebeneinander dieser Gedankengänge,* die ziemlich genau
gleichzeitig und unter dem Eindruck der gleichen Ereignisse, nämlich der Bismarckschen Politik, entwickelt wurden, als wichtig und typisch. Beide, der Historiker der
Universität Basel und der Züricher Dichter, sind als Schweizer der deutschen Kultur- und Geschichtsentwicklung gegenüber besonders aufgeschlossen. Burckhardt hatte seine
wichtigsten Jugend- und Reifejahre in Deutschland verlebt
und vor 1848 enge Beziehungen zu späteren Teilnehmern
der bürgerlichen Revolution in Deutschland, vor allem zu
Gottfried Kinkel, unterhalten.

Als Außenstehender und Ausländer vollzieht er in einem
gewissen Sinne jene Wendung zur politischen Resignation
mit, die für die bürgerliche Literatur Deutschlands zwischen 1850 und etwa 1865 so kennzeichnend werden sollte.
Auch er erlebte den Pessimismus Schopenhauers, den er für
sich allerdings nicht in der Form der Schopenhauerschen
Geschichtsfeindlichkeit übernimmt, sondern in seine eigene
unverkennbare Burckhardtsche Form des Geschichtspessimismus verwandelt. Conrad Ferdinand Meyer ist gleichfalls
entscheidend durch Schopenhauer geprägt worden. Auch
bei ihm verbindet sich, wie bei Burckhardt, eine agnostizi-
stische Auffassung, wonach die Geschichte unerkennbar sei
und Glück wie Unglück als irrationale Größen verstanden
werden müßten, mit einer Begeisterung für die amorali-
schen »großen Täter« in der Geschichte, die man später in
Nietzsches Philosophie, die gleichfalls ihre Schopenhauer-
Etappe durchlaufen hatte, wiederfinden sollte.

In Burckhardts »Weltgeschichtlichen Betrachtungen« heißt es zum Thema »Glück und Unglück in der Weltgeschichte«: »Und nun ist das Böse auf Erden allerdings ein Teil der großen weltgeschichtlichen Ökonomie: es ist die Gewalt, das Recht des Stärkeren über den Schwächeren, vorgebildet schon in demjenigen Kampf ums Dasein, welcher die ganze Natur, Tierwelt wie Pflanzenwelt, erfüllt, weitergeführt in der Menschheit durch Mord und Raub in den früheren Zeiten, durch Verdrängung respektive Vertilgung oder Knechtung schwächerer Rassen, schwächerer Völker innerhalb derselben Rasse, schwächerer Staatenbildungen, schwächerer gesellschaftlicher Schichten innerhalb desselben Staates und Volkes.« Man geht nicht fehl, wenn man diesen Gedanken mit Conrad Ferdinand Meyers Geschichtsbild in enge Verbindung bringt. Hier hat man eine philosophische Widerspiegelung kapitalistischer Entwicklung im Übergang von der liberalen zur imperialistischen Etappe. Die Synthese aus Schopenhauers Pessimismus und Darwins »Kampf ums Dasein« ergibt eine Geschichtsauffassung, die als Ausdruck damaliger bürgerlich-konservativer Empfindungen verstanden werden muß.

Es mag zudem erinnert werden, daß die Ereignisse von 1870/71, die sowohl das Geschichtsbild Burckhardts wie das Künstlertum Meyers so wesentlich prägen sollten, nicht bloß im Zeichen eines europäischen Krieges gestanden hatten, sondern vor allem auch jenes tief nachwirkenden »Bürgerkriegs in Frankreich«, der mit der Niederwerfung der Pariser Kommune enden sollte. Es ist keine müßige Spekulation, den Auswirkungen auch dieser Ereignisse im Werk Conrad Ferdinand Meyers nachzugehen. Von hier aus allein ist die unwesentliche, eigentlich sogar schmähliche Rolle des Volkes zu verstehen, das in einer Erzählung, die schließlich einem großen Unabhängigkeits- und Einigungskampf gewidmet ist, bloß auf die Form des Statistentums beschränkt bleibt. Den Vordergrund der Geschichte beherrschen ausschließlich die »starken Persönlichkeiten« wie Jenatsch, Grimani oder Rohan, in gewissem Sinne auch wie Richelieu, der im zweiten Teil der Geschichte stets gegenwärtig ist, oder ihre Kommentatoren wie Waser und Wertmüller. Das Volk erscheint entweder in der Form gedungener Schergen oder mißbrauchter Massen. Diese Anlage der Erzählung ergibt sich für den Erzähler mit Notwendigkeit aus seinem gesamten Geschichtsbild.

Daß *Jenatsch im Grunde das Volk mißachtet* und nur für seine Zwecke zu gebrauchen gewillt ist, spürt man in dem bedeutenden Gespräch, das im vierten Kapitel des zweiten Buches zwischen Wertmüller und dem Bündner geführt wird. Hier entwickelt Jenatsch gegenüber dem Skeptizismus des Zürichers, der französische Dienste genommen hat und nur an das »Recht des Stärkeren in seiner rohesten, seelenlosesten Gestalt« zu glauben scheint, das Recht des Stärkeren als »göttliche Erscheinung in der Macht der Persönlichkeit«. Jenatsch fährt fort: »Ich rede von der Menschwerdung eines ganzen Volkes, das sich mit seinem Geiste und seiner Leidenschaft, mit seinem Elende und seiner Schmach, mit seinen Seufzern, mit seinem Zorn und seiner Rache in mehrern, oder meinetwegen in einem seiner Söhne verkörpert und den, welchen er besitzt und beseelt, zu den notwendigen Taten bevollmächtigt, daß er Wunder tun muß, auch wenn er nicht wollte!« Auf den Leutnant des Herzogs Rohan wirkt dieser Ausbruch so: »In seinen gescheiten grauen Augen lag die Frage: Bist du ein Held oder ein Komödiant?« (II, 4). Abermals also ist der Dichter bemüht, die Spuren zu verwischen und dieser Erklärung seines Helden sogleich wieder die Eindeutigkeit zu nehmen. Dennoch hat man hier offensichtlich einen Schlüssel zur Gestalt des Bündners, und zur geheimen Weltanschauung seines Dichters.

Die *formale* Anlage des Buches entspricht diesem Konzept. Der Autor des »Jürg Jenatsch« war nicht umsonst ein Schüler und genauer Kenner der romanischen Literaturen. Daß Meyer in seiner Jugend, ähnlich wie später Stefan George, geschwankt hatte, ob sein eigentliches Ausdrucksmittel die deutsche oder die französische Sprache sein würde, spürt man immer wieder am Aufbau seiner überaus genau gearbeiteten, häufig aber nicht vom deutschen Sprachgeist geprägten Perioden. Gelegentlich heißt es etwa, während von Jenatsch die Rede ist: »Nun wandte er sich rasch und beurlaubte sich beim Herzog, um selbst nach seiner Habe und seiner Bedienung zu sehen, welcher er, wie er sagte, strengen Befehl hinterlassen habe, keiner anderen Weisung Folge zu leisten, als seiner eigenen mündlichen« (II, 5). Das ist unverkennbar romanischer, aber nicht deutscher Satzbau.

Deutlicher noch spürbar ist die Abhängigkeit Meyers von der französischen Romantradition seiner Zeit, also der zweiten Hälfte des 19. Jahrhunderts, in der *Grundbeziehung zwischen Erzähler und Erzählung*, also zwischen dem epischen Subjekt und Objekt. Honoré de Balzac hatte – zum Unterschied von Stendhal und besonders von dem späteren Flaubert – als mitredender, beurteilender und oft auch verurteilender Berichterstatter das Treiben seiner Gestalten begleitet. Da ihm allein das Gewimmel der »Menschlichen Komödie« bis in alle Einzelheiten vertraut war, da er nicht bloß diejenigen Schicksale kannte, die bereits in Buchform mitteilbar geworden waren, sondern auch jene anderen, die zu schildern er den projektierten, aber noch nicht geschriebenen Büchern vorbehalten hatte, behielt er sich das Recht vor, immer wieder auf andere Bücher zu verweisen, gelegentlich anzudeuten, daß bestimmte Fragen diesmal noch nicht gelöst werden könnten, sondern späterhin und an anderer Stelle ihre Klärung finden würden. So hat man als Leser Balzacs stets mit Balzac, dem Erzähler, als einem Partner zu tun. Flaubert hatte diese Art des Berichts verabscheut. Er pries die »impassibilité«, also die leidenschaftslose Anonymität des Erzählers gegenüber dem Erzählten. Sein Ideal war die Geschichte, die gleichsam »sich selbst erzählt«, die also alle nach außen hin erkennbaren Beziehungen zwischen dem epischen Subjekt und dem objektiven Bericht abgebrochen hatte. Das konnte natürlich in vollkommener Form niemals gelingen, und es war selbst einem Flaubert nicht gelungen. Aber er hatte es als künstlerisches Ideal angestrebt. Conrad Ferdinand Meyer suchte ihm darin nachzufolgen. Es dürfte kaum möglich sein, in seinen Erzählungen eine einzige Stelle zu finden, die auf einen näher charakterisierten Erzähler der Handlung schließen ließe. Hier verband sich das künstlerische Ideal der zeitgenössischen Epik in der Nachfolge Flauberts mit Meyers eigener, höchst eigentümlicher Distanziertheit gegenüber der Umwelt. Er mochte noch so sehr von den Zeitereignissen ergriffen werden: niemals hätte er sich in seinem persönlichen Leben und erst recht in seinem künstlerischen Schaffen so etwas wie eine bewußte und persönliche Reaktion erlaubt. Pathos und Distanz verbinden sich bei der Art seines Erzählens in sonderbarer Weise. Sein Pathos soll eine Leidenschaft der Sache sein, nicht der Person. Mit Meisterschaft gestaltet er leidenschaftserfüllte Szenen, etwa auf den großartigen Schlußseiten des »Jürg Jenatsch«; aber es fehlt selbst der zarteste Hinweis einer Leidenschaft des Erzählers gegenüber seinen

Gestalten und ihrem Geschick. Vergleicht man den epischen Stil Balzacs und Conrad Ferdinand Meyers, so ergibt sich ein Gegensatz, wie er größer nicht denkbar ist. Äußerste Parteinahme steht gegen betonte Parteilosigkeit, episches Richtertum gegen eine künstlerische »Neutralität«, die gelegentlich als Indifferenz bezeichnet werden kann.

Es kommt hinzu, daß Meyer durch die Eigenart seines Talents, wohl mehr noch durch die *Art seiner Wirklichkeitsbeziehung* daran gehindert wird, diese handlungsreiche Bündnergeschichte wirklich im Prozeß der Aktion zu schildern. Liest man genau, so fällt auf, daß einige der für den Gang der Geschichte wichtigsten Ereignisse nicht unmittelbar als Aktion geschildert, sondern als vollendete Tatsachen nachträglich berichtet werden. Die Ermordung von Lucretias Vater durch Jenatsch, vielleicht das entscheidendste Motiv der ganzen Erzählung, spielt sich gleichsam hinter der Szene ab. Wir sind weder Zeugen der Verhandlungen Lucretias in Mailand, noch wird uns Zutritt zu der Szene gestattet, die Jenatschs Glaubenswechsel sieht. Heinrich Waser erleben wir im Fortgang der Handlung in jeweils neuer Position, ohne daß wir den Prozeß dieser Karriere miterlebt hätten. Sogar das wichtige Ende des bedeutsamsten Gegenspielers, des guten Herzogs, erfahren wir bloß als Kunde und in den Auswirkungen auf die bündnerischen Ereignisse. Es bleibt an unmittelbar berichteter Aktion bloß der Tod Lucias, und natürlich das Ende des Georg Jenatsch.

Indem Conrad Ferdinand Meyer so weitgehend auf die Darstellung wichtigster Aktionen verzichtet, ist er genötigt (was sicherlich einer künstlerischen Absicht entspringt), in seine Erzählung immer wieder Rückblendungen und Berichte aufzunehmen. Das spürt man schon zu Beginn der

Erzählung. Das erste Kapitel der Bündner-Geschichte führt Waser und den Vater Lucretias auf dem Julier-Paß zusammen. Das Thema der Begegnung heißt immer wieder Georg Jenatsch. Das zweite Kapitel bringt dann eine erste Rückblendung: »Waser sah sich in der dunklen Schulstube des neben dem großen Münster gelegenen Hauses zum Loch im Jahre des Heils 1615 auf der vordersten Bank sitzen.« Nun wird die Jugendgeschichte Jenatschs, Wasers und Lucretias nachgeholt. In ähnlicher Art kommt es auch später immer wieder zur Rückschau auf bereits vollendete und daher bloß berichtete Geschehnisse. Diese Darstellungsweise aber ergibt, bei aller Großartigkeit und künstlerischen Meisterschaft, häufig den Eindruck des Toten und Abgelebten. So hat es der Dichter des »Jenatsch« zweifellos gewollt.

Nicht zufällig wählt er gern in seinen Erzählungen die Form einer *Rahmengeschichte:* das Geschehen wird nicht unmittelbar berichtet und geschildert, sondern von einem späteren Erzähler als bereits in sich abgeschlossenes und zurückliegendes Geschehen, als Historie, berichtet. Die Erzählung etwa über »Die Hochzeit des Mönchs« hören wir aus dem Munde Dantes, »Das Leiden eines Knaben« wird nachträglich, so daß nichts mehr geändert werden kann, dem alternden König Ludwig XIV. berichtet. Auch »Der Heilige« hat die Form einer Rahmenerzählung. Durch diese Form der Darstellung ergibt sich für den Leser die Notwendigkeit seelischer Zurückhaltung: seine Parteinahme erscheint sinnlos, da alles offenbar bereits vergangen und unrettbar determiniert ist. Hier kündigt sich nicht bloß eine Eigentümlichkeit der epischen Technik Conrad Ferdinand Meyers an: man darf eher an ein sonderbar zwiespältiges Verhältnis des Erzählers zum Geschehen, überhaupt zur Wirklichkeit, denken. Es mag daran erinnert werden, daß diese

Art determinierter und rückblickender Erzählform zur gleichen Zeit, da Conrad Ferdinand Meyers wichtigste Werke entstehen, auch in *Theodor Storms* Novellen als besondere Eigentümlichkeit auftritt. Im selben Jahr wie der »Jürg Jenatsch« erscheint Storms Meistererzählung »Aquis submersus«, die Rahmengeschichte und Erinnerungserzählung in einem ist!

Dieser Neigung Meyers zum Historismus in der Form, also keineswegs bloß im Stoff, entspricht seine Neigung, anstelle der epischen Aktion, die Prozeß sein muß, immer wieder *lebende Bilder* zu geben. Bei einer Analyse des »Jürg Jenatsch« stößt man in jedem Augenblick auf solche erstarrten Gruppierungen, die ihr Dichter zwar mit höchster Kunstfertigkeit angeordnet hat, die aber vor allem malerisch und nicht episch sind. Bisweilen ist es sogar überdeutlich, daß der Erzähler seine Eindrücke von berühmten Bildern empfing, die er nun mit der Kunst des Wortes nachzubilden sucht. Da ist etwa Jenatsch plötzlich zum Gefangenen der Spanier geworden: »Auf den Spuren des eingeholten Flüchtlings schnüffelten spanische Bluthunde, welche wohl bei dieser Menschenjagd Dienste geleistet hatten, und gelbe halbnackte Jungen und blödsinnige Zwerggestalten liefen johlend hinter dem gewaltigen wehrlosen Manne her« (III, 1). Gemälde des Velazquez und Murillo haben unverkennbar als Vorlage der dichterischen Vision gedient.

Dem Stil Meyers ist es schließlich eigentümlich, daß er kaum eine Sache oder Gestalt ohne festlegendes Eigenschaftswort vor uns hinzustellen gewillt ist. Hier eine Landschaftsschilderung: »Wochenlang hatte der schäumende Rhein zornig an seinen engen Kerkerwänden gerüttelt und herausstürzend die flacheren Ufer verheert. Jetzt führte er ruhiger die gemäßigten Wasser zu Tal, umblüht von den warmen Matten und üppigen Fruchtgärten des gegen die rauhen Nordwinde geschützten Domleschg« (III, 1). Hier eine Personen- und Szenenschilderung: »Unter der Brücke war der wetterbraune, weißbärtige Kopf eines Ruderers zum Vorschein gekommen, der, aus seinen ungelenken Bewegungen zu schließen, mit der Lagune nicht vertraut war. Während sein Gefährte, der auf dem Hinterteile des Fahrzeuges stand, ein jugendlich behender, ein echter Gondoliere, dieses mit schlanker Ruderbewegung an die Mauer drückte, öffnete der Alte langsam die niedrige Gondeltür und schickte sich an, einer nur leicht verschleierten, offen und groß blickenden Frau beim Aussteigen behilflich zu sein« (II, 1).

Das aber bedeutet mehr als eine Stileigentümlichkeit oder künstlerische Manier. Conrad Ferdinand Meyer strebt danach, den Eindruck, den er selbst von den Dingen und Menschen empfangen hatte, in gleichsam diktierender Weise – also auch hier »von oben« – an den Leser weiterzugeben. Die Eigenschaft wird gleichsam als »Fertigware« mitgeliefert; da es dem Leser nicht vergönnt ist, die Gestalten unmittelbar als handelnd zu erleben, muß er sie als fixierte Bilder entgegennehmen. Bewältigt wird diese Schwierigkeit mit erstaunlichem Können: dennoch verspürt man, vergleicht man Conrad Ferdinand Meyers Erzählungen etwa mit den großen Meistern bürgerlich-realistischer Erzählungskunst, einen Vorgang der künstlerischen Erstarrung. Die Aktion wurde abgelöst durch eine Form höchst kunstvoller, doch weitgehend statischer Bilder.

(1959)

Zwischenreich Gerhart Hauptmanns

Der Pfarrerssohn und Predigtamtskandidat Erich Spitta in Hauptmanns Berliner Tragikomödie »Die Ratten« hat einen Hang zum Theater. Er möchte Schauspielunterricht beim Direktor Hassenreuter nehmen, wenngleich dieser den angeblichen Kanon von Goethes Weimarischer Dramaturgie samt allen dazugehörigen »Regeln für Schauspieler« als Lehrer und Hof- oder Stadttheaterintendant verbindlich machen möchte. Die erste Schauspielstunde bereits bringt eine heftige Auseinandersetzung zwischen Schauspiellehrer und Schauspielschüler, zwischen dem epigonal-klassizistischen Theatermann und seinem widerspenstigen, weil auf Lebenswahrheit des Theaterspiels pochenden Schüler. Der zitatenreiche Hassenreuter schwört bei Schiller und Goethe; der in vielen kleinen Lebenszügen etwas komische Spitta antwortet mit schrecklichen Blasphemien, indem er von Goethes angeblich »senilen Schauspielerregeln« zu sprechen wagt.

Das Leben bricht dann, mit vielfältigen Kabalen und Intrigen des Berliner Mietshauses, verbrecherischer Güte und gutmütigem Verbrechen, mit Laster und Gemüt, in die Schauspielstunde und den ästhetischen Disput ein. Die vom Rauschgift befeuerte Szene der Sidonie Knobbe, das wütende Dienstmädchen Piperkarcka, das sein Kind zurückhaben, der Schutzmann, der alles zu Protokoll nehmen will, schließlich das tote Kind. Als alle anderen Protagonisten und Statisten der eigentlichen Spielhandlung die Szene verlassen haben, stehen sich Hassenreuter und Spitta von neuem gegenüber. Ein Glanzwort, mit großer Gebärde gesprochen, beendet als Abschluß auch den ästhetischen Dis-

put. Hassenreuter spricht es aus, indem er alles zusammen-
zufassen scheint, was sich soeben auf der Bühne ereignete:
»Sic eunt fata hominum. Erfinden Sie so was mal, guter
Spitta!«

Das scheint zu treffen. Zuerst das lateinische Zitat vom
Gang des menschlichen Schicksals, dann der Hinweis auf
die Unsinnigkeit von Spittas Unterfangen, »das Leben« in
seinem natürlichen Ablauf auf die Schaubühne bringen zu
wollen. Das Leben eigne sich nicht für dichterische Erfin-
dungen. Ein Geschehen, wie man es soeben als Zeuge miterlebt habe, spotte aller dichterischen Gestaltung. Der Vor-
hang senkt sich, Spitta scheint zerschmettert. Hassenreuter
lacht auf seine Kosten. Das Publikum scheint mit ihm zu lachen.

Wirklich? Wir erleben hier – in einer der größten dramatischen Schöpfungen Gerhart Hauptmanns – einen Vorgang
hintergründigster Ironie, wie er bei einem Dichter verhält-
nismäßig selten vorkommt, dem viele Formen des Humors
bis hin zur possenhaften Heiterkeit zu Gebote standen, der
eigentlich aber kein Mann der künstlerischen Ironie war.
Hintergründig ist diese Szene zwischen Hassenreuter und
Spitta nicht bloß als künstlerisches Bekenntnis des Dramatikers Hauptmann, sondern mehr noch durch die Tatsache,
daß im gleichen Augenblick auch gewisse Brüchigkeiten in
Hauptmanns dichterischer Entwicklung offenbar werden.

»Erfinden Sie so was mal, guter Spitta!« Herablassung und
Hohn des Theaterdirektors und Klassizisten sind zu spüren.
Wenn die Verfechter künstlerischer Natürlichkeit von einem Mann der alten Hoftheatertradition ernsthaft angehört
werden sollen, mögen sie erst einmal eine solche Geschichte
des Alltagslebens mit Knobbe und Piperkarcka und dem
Streit um das Kind, mit dem Hausmeister-Denunzianten

und dem Königlich-Preußischen Polizisten auf die Bühne bringen. Dann erst wird man über das Verhältnis zwischen Kunst und Natur weiter diskutieren können.

Aber es wurde doch auf die Bühne gebracht: nicht von Erich Spitta freilich, der sehr echte und gute Lebens- und Kunstregeln vertritt, aber ein komischer Kauz ist und einigermaßen hilflos wirkt, wenn er, völlig abgebrannt, über das Frühstück herfällt, das ihm der Maurerpolier John freundlich anbietet. Es wurde erfunden und auf die Bühne gebracht, nicht von Spitta, aber von einem Dichter, der auch Spitta erfand und den mächtigen Herrn Hassenreuter dazu. Höhepunkt der Ironie: Hassenreuter fordert Spitta auf, einen Lebensvorgang zu erfinden – und ist selbst eine erfundene Dramengestalt. Der Aktschluß scheint den ästhetischen Disput zugunsten des Weimaraners zu entscheiden; in Wirklichkeit siegte Spitta durch das Dichtertum Gerhart Hauptmanns.

Zwischen Spitta und Hassenreuter

Gerhart Hauptmann steht an der Seite des jungen Spitta, daran ist kein Zweifel. Hassenreuters dröhnendes Pathos und theatralische Unnatur werden nicht nur ästhetisch durch die Handlung der »Ratten« widerlegt, sondern auch als gesellschaftliche und moralische Fragwürdigkeit sichtbar gemacht. Hassenreuter: das ist die Welt des Wilhelminischen Reiches, von Kaiser und Untertan, Thron und Altar. Der spitzelnde Hausmeister und der prügelfreudige Polizist, sie gehören ebenso wie der durch allerhöchste Gunst mit Orden behängte und nach Straßburg ins eroberte Reichsland Elsaß-Lothringen abkommandierte Theaterdirektor zu einer Welt, die bereits der frühe Hauptmann mit Härte und Widerwillen für die Bühne »erfunden« hatte. Sie alle haben, wie wir wissen, von früh auf in Hauptmanns Werk ihre Vorgänger und Vorläufer. Des Dichters Vorliebe gehört – und darin gleicht er dem Dramatiker Georg Büchner, zu dem er sich in seiner Autobiographie so leidenschaftlich bekannte – den *leidenden, gedrückten Gestalten*. Die Menschen aus dem Volk überragen in seinen Schauspielen fast immer die Vertreter der herrschenden Schicht an Geistes- und Herzensbildung, an Güte und Verstand.

Hauptmann entscheidet sich gegen die Welt der Hassenreuter. Er idealisiert seinen Erich Spitta durchaus nicht, verkündet aber sein künstlerisches Bekenntnis durch den Mund des leicht wunderlichen Predigtamtskandidaten und vermutlich unbegabten Schauspieleleven. Trotzdem darf man an dieser Stelle der Interpretation nicht stehenbleiben. Nicht wenige Werke nämlich des Dichters Gerhart Hauptmann sind formal und sogar in der innerlichen Aussage weit eher der Hassenreuter-Welt zuzurechnen als den Lebens- und Kunstprinzipien Erich Spittas. Die Jugendentwicklung des Dichters macht das sichtbar. In Hassenreuter und Spitta stehen sich nicht bloß zwei Vertreter verschiedener Kunstauffassungen gegenüber, sondern auch zwei Phasen in der eigenen künstlerischen Entwicklung Gerhart Hauptmanns. Er selbst begann die ersten schöpferischen Versuche als Bildhauer und Dichter noch ganz im Zeichen klassizistischer Epigonenkunst, in Hassenreuters Sinne. Der Vorgang geistiger Evolution, den er als alter Mann in seiner Autobiographie unter dem Titel »Das Abenteuer meiner Jugend« nacherzählte, schildert den Weg des jungen Gerhart Hauptmann von Hassenreuter zu Spitta, von einer Kunst der protzigen Heroik und Historik zu einer Kunst, die sich mit dem

Leben, Lachen und Weinen einfacher Menschen aus dem Volk beschäftigt. Wer die Autobiographie liest, wird bemerken, wie die tiefe Geistes- und Künstlerkrise, die besonders im zweiten Teil des Berichts beschrieben wird, eigentlich auf dem Widerstreit solcher Kunstauffassungen beruhte.

Dem reichs- und bismarckbegeisterten deutschen Bürgertum der siebziger und achtziger Jahre war ein künstlerisches Epigonentum gemäß, das nach Idealisierung und »überzeitlicher« Gültigkeit von Kunst und Kunstwerk strebte. Der plebejischen und erst recht der proletarischen Gesellschaftslage dagegen entsprach eine Kunst des entschlossenen Realismus. Der junge Gerhart Hauptmann schwankte nicht nur zwischen den einzelnen Künsten: der Plastik und der Dichtkunst vor allem; er fühlte sich nicht nur zwischen Kunst und Wissenschaft herumgezerrt, zwischen Kunstschule und Universität; wichtiger war die lang andauernde Entscheidungslosigkeit zwischen den Ästhetiken des Idealismus und des Realismus. Der junge Mensch war ausgezogen, den offiziell-bürgerlichen und als herrschend anerkannten Kunststilen nachzueifern. Daher sein Gedicht »Hermannslied«, das »wie überall, besonders unter den Damen Begeisterung erregte«; darum sein Ringen mit dem dramatischen Stoff »Germanen und Römer«. Aber auch der tragikomisch endende, im buchstäblichen Sinn zum Zusammenbruch führende Plastikversuch mit dem riesenhaften »Germanenkrieger« ist auf das Bestreben zurückzuführen, einem hohlen, unverkennbar nationalistischen Historismus bourgeoiser Kunstmode nachzustreben. Warum er auf diesem Weg scheitern müsse, erkennt der einundzwanzigjährige Jenenser Student Hauptmann bei der Weimarer Trauerfeier für Richard Wagner im Jahre 1883, beim Anhören von Walkürenritt und Feuerzauber. Die Wagner-Feier wurde ihm zur ästhetischen Offenbarung: »Da war sie nun wieder, die Linie, die von der meiningisch-kleistischen ›Hermannsschlacht‹, durch die Zeremonie der Blutsbrüderschaft unterm Rasenstreifen, zu Wilhelm Jordan und Felix Dahn, von dort zu meinem ›Hermannslied‹ und meinem Drama ›Germanen und Römer‹ sich fortgesetzt hatte, und zwar auf ihrem wirklichen letzten Höhepunkt, über den hinaus sie nicht weitergeführt werden konnte, was mir ohne Bedauern an jenem Abend klar wurde.«

Kunsterfahrungen in der Jugend

Diesen ästhetischen Irrweg aber hätte Hauptmann nicht so bald verlassen können, wäre nicht von Anfang an eine entgegengesetzte Kunsterfahrung wirksam gewesen. Das begann mit den Reproduktionen Raffaels und der großen Niederländer im elterlichen Gasthof. Als Hauptmann später in Dresden die Sixtinische Madonna sehen darf, deren Abbild seine Kindheit begleitet hatte, ist sie ihm bereits *die Vertraute von Jugend an*. Eine erste Erfahrung mit der Kraft und Mächtigkeit realistischer Dichtung macht er beim Lesen des Romans »Harte Zeiten« von Charles Dickens. Über den »Prometheus« des Aischylus, der ihn in Rom begleitet, führt der Weg zu Tolstois »Macht der Finsternis«. Nunmehr verknüpfen sich Ende und Anfang dieser Lebens- und Kunsterfahrung. Auf den Schlußseiten seiner Autobiographie hat der alternde Hauptmann fast lehrhaft jene Entwicklung nachgezeichnet, die ihn zum realistischen Dichter werden ließ: »Jetzt aber hatte ich plötzlich die Kühnheit, nach allem Profanen, Humus- und Düngerartigen um mich zu greifen, das ich bisher nicht gesehen, weil ich es nicht für würdig erachtet hatte, in Bereiche der Dichtkunst einzugehen. Und abermals wie im Blitz erkannte ich meine weite und tiefe Lebensverwurzelung und daß es ebendieselbe sei, aus der mein Dichten sich nähren könne. Auch fielen mir zur rechten Zeit die niederländischen Bilder in den Sälen der Krone ein. So und nicht anders verlief der innere Zauber, der mich zu einem gesunden, verwurzelten Baum machte. Und als ich ›Die Macht der Finsternis‹ von Leo Tolstoi gelesen hatte, erkannte ich den Mann, der im Bodenständigen dort begonnen, womit ich nach langsam gewonnener Meisterschaft im Alter aufhören wollte.« So weit, so gut. Der Weg von Hassenreuter zu Spitta. Aber es gibt auch künstlerische Regressionen und Rückwendungen Hauptmanns von Spitta zur Welt der Hassenreuter. Nicht in dem Sinne natürlich, daß Hauptmann jemals eine apologetische Kunst für die Wehrhahns oder auch für das Bürgertum der sogenannten Einheit aus Bildung und Besitz geschaffen hätte. Aber in jener anderen Form, daß der große Dichter, der sich von Büchner, Tolstoi und den niederländischen Malern inspirieren ließ, immer wieder den Versuch machte, der Nachgestaltung erlebten Lebens auszuweichen, um Bildungsdichtung zu schaffen, Poesie mit Hilfe früherer, bereits geprägter Poesie.

Das begann schon früh, bereits mit der »Versunkenen Glocke«. Mit Jubel empfing man sie damals. Das Rautendelein durfte sogar im Königlich-Preußischen Staatstheater, auf jener Bühne also sein Wesen treiben, wo Ännchen und Agathe, Kaspar und Samiel zum ersten Mal im Bühnenlicht agiert hatten. Die gesellschaftskritischen Schauspiele und Komödien des frühen Hauptmann waren in bürgerlichen Privattheatern, vor der naturalistischen Avantgarde, gespielt worden. Die »Weber« hatte der Polizeipräsident von Berlin mit einem Aufführungsverbot belegt. Aber schon wenige Jahre später erhielt Hauptmann die zweifelhafte Ehrung, ein Stück für das Preußische Hoftheater geschrieben zu haben. Freilich ein Stück, von dem wir heute wissen, daß es Märchenpoesie aus zweiter Hand bot, süßlich und weinerlich, mit Versen eines bemühten, aber nicht eigentlich begnadeten Lyrikers.

Hier begann Hauptmanns Weg zur Bildungspoesie, zu Hassenreuter. Die Folgen sind bekannt: Theaterstücke aus griechischer und germanischer Sage, der »Arme Heinrich« und »Griselda« und der Minnesänger »Ulrich von Lichtenstein« und die »Tochter der Kathedrale« und Romantik dritten Ranges in der »Goldenen Harfe«, nachgemachter Shakespeare und nachgemachter Goethe und nachgemachter Dante. Oft genialische Einzelepisoden in durchaus mißlungenen Gebilden. Dann wohl auch wieder peinliche Unpoesie und Geschmacklosigkeit in einem geglückten und starken Werk. Hassenreuter und Spitta in einem.

Im sozialen Zwischenbereich

Es gibt kaum einen bedeutenden Dichter der neueren Literaturgeschichte, der so sehr wie Hauptmann zwischen den Extremen grandioser Realistik und amateurhafter Oberlehrerpoesie zu wirken imstande war. Das macht: Gerhart Hauptmann war nicht festzulegen auf eine genauer konturierte Gesellschaftsschicht. Er besaß keine abgerundete Bildung, schwankte zwischen der Plastik und der Literatur, zwischen der Sozialwissenschaft und der Psychopathologie. Am Ende seines Lebens war dieser weltberühmte Dichter und Nobelpreisträger zu einer erstaunlichen Vielwisserei gelangt, ohne jemals jedoch die Eigentümlichkeiten eines dilettierenden Autodidakten verloren zu haben.

Dies wird nicht gesagt aus hochmütiger Besserwisserei oder gar aus professoralem Bildungsdünkel. Im Gegenteil soll versucht werden, den Ursachen dieser Brüchigkeit in Hauptmanns Werk und Leben nachzuspüren.

Mit der Herkunft des Dichters hängt es zunächst einmal zusammen. Seiner Herkunft aus einem sozialen Zwischenbereich war sich der Dichter schon während der Kinderzeit bewußt geworden. Zu den gesellschaftlichen Eigentümlichkeiten seiner Herkunft aber gesellte sich schon früh ein inneres Streben nach einem sozialen Zwischenzustand. In seiner Autobiographie »Das Abenteuer meiner Jugend« hat Hauptmann diese Tendenz sogar als gesellschaftliches Grunderlebnis dargestellt. Er spricht von den beiden sozialen Schauplätzen, auf die er sich bereits als Kind gestellt fand: »Sie lagen auf zwei verschiedenen Hauptebenen, von denen die eine die bürgerliche, die andere zwar nicht die durchum proletarische, aber jedenfalls die der breiten Masse des Volkes war. Ich kann nicht bestreiten, daß ich mich im Bürgerbereich und in der Hut meiner Eltern geborgen fühlte. Aber nichtsdestoweniger tauchte ich Tag für Tag, meiner Neigung überlassen, in den Bereich des Hofes, der Straße, des Volkslebens. Nach unten zu wächst nun einmal die Natürlichkeit, nach oben die Künstlichkeit. Nach unten wächst die Gemeinsamkeit, von unten nach oben die Einsamkeit. Die Freiheit nimmt zu von oben nach unten, von unten nach oben die Gebundenheit.«

Es wäre nicht schwer, aus diesem Satz die gesamte gesellschaftliche Stellung Hauptmanns, seines Lebens und seines

Werkes abzuleiten. Wenn er immer wieder, auch später noch als weltberühmter Dichter, gerade als ein Deutscher, der sein Vaterland liebte, zwischen die Fronten geriet und zuzeiten von rechts wie von links gleichzeitig angegriffen wurde, so lag das sicherlich an dieser eigentümlichen und für den Dramatiker Hauptmann höchst kennzeichnenden Entscheidungslosigkeit gegenüber den gesellschaftlichen Gruppen. Allein diese eigentümliche Entscheidungslosigkeit zwischen den Klassen und Gruppen hängt gleichzeitig sehr tief mit Hauptmanns Auffassung vom Dichter, und zwar insbesondere vom Dramatiker zusammen. In einer Rede, die er unter dem Titel »Kunst und Wissenschaft« am 23. November 1912 in der Leipziger Universität hielt, sprach er, indem er sie ausdrücklich mit der Erkenntnis des Wissenschaftlers konfrontierte, von der Wahrheit, wie sie der Dichter verstehe. Sie sei unterschieden von der wissenschaftlichen Wahrheit, welche den Schleier von den Dingen zu nehmen strebe. Das könne nicht Aufgabe des Dichters sein, vor allem des dramatischen Dichters. Hier aber findet Hauptmann für die dramatische Kunst, so wie er sie meint, eine höchst merkwürdige Formel, die uns hilft, die Eigentümlichkeit gerade dieses großen Dramatikers richtig zu verstehen. Gerhart Hauptmann sagt nämlich: *Die dramatische Kunst ist gleichsam auf einer produktiven Skepsis errichtet: sie bewegt Gestalten gegeneinander, von denen jede mit ihrer besonderen Art und Meinung voll berechtigt ist. Wo aber bleibt die gesunde rechte Art und die rechte Meinung? – Sie werden finden, daß die Tragödie keineswegs eine richterliche oder gar Henkersprozedur, sondern eine Formel für das tiefste und schmerzensreichste Problem des Lebens ist.* Es ist notwendig, will man Gerhart Hauptmann und sein Lebenswerk gerecht beurteilen, diese Grundthese genau zu durchdenken. Daraus ergibt sich nämlich für ihn, daß die dramatischen Gegensätze am wenigsten in Vorgängen der Wirklichkeit, in gesellschaftlichen Konflikten gesehen, daß sie vom Dichter viel eher als *Parteistreitigkeiten der Stimmen* im Innern des Autors betrachtet werden sollten, die Hauptmann für unabhängig hielt von den Auseinandersetzungen in der äußeren: in der wirklichen Welt.

Der gesellschaftliche Zwischenzustand wird also in ein eigentümliches Spiel und Gegenspiel der Gestalten umgesetzt, dem letztlich die eigentliche Parteinahme des Dichters vorenthalten bleibt. So wirken auch die größten Hauptmann-Dramen immer im Ausklang wie ein »Unentschieden«. Das Mitleid des Dichters sucht auszugleichen, was an gesellschaftlichen Entscheidungen vorenthalten wurde. Womit durchaus nicht gesagt sein möge, der Dichter Hauptmann verhalte sich der sozialen Herkunft seiner Gestalten gegenüber gleichgültig, indifferent. Im Gegenteil ist es dem dramatischen Werk dieses Künstlers eigentümlich, daß die Angehörigen der sogenannten »höheren Stände« meist sehr kritisch und mit negativen Kennzeichen behaftet dargestellt werden. Hauptmanns Vorliebe gehört den *leidenden, gedrückten Gestalten*. Das gilt nicht nur für Mutter Wolffen gegenüber den Herren von Wehrhahn und Krüger im »Biberpelz«; es gilt für Schluck und Jau am Fürstenhof ebenso wie für die Familie John in den »Ratten« oder für die Gärtnersfamilie Ebisch-Peters gegenüber der Lumperei feiner Leute um den Geheimrat Clausen in »Vor Sonnenuntergang«.

Allerdings hängt auch die Lebenstragödie des späten Gerhart Hauptmann – denn es hat eine solche Lebenstragödie gegeben, und wer die Bildnisse des greisen Dichters anschaut, wird die Spuren des Leidens unschwer entdecken können – mit diesen Eigentümlichkeiten seiner Gesellschaftslage und besonderen Ästhetik zusammen. Sie läßt sich vielleicht am besten und in knappster Form als Gegenüberstellung Hauptmanns mit Thomas Mann erfassen. Thomas Mann hat in dem berühmten Brief von 1937 an den Dekan der Bonner Philosophischen Fakultät, worin er den Trennungsstrich zum Dritten Reich zog, von sich bekannt: »Ich bin weit eher zum Repräsentanten geboren als zum Märtyrer, weit eher dazu, ein wenig höhere Heiterkeit in die Welt zu tragen, als den Kampf, den Haß zu nähren. Höchst Falsches mußte geschehen, damit sich mein Leben so falsch, so unnatürlich gestaltete. Ich suchte es aufzuhalten nach meinen schwachen Kräften, dies grauenhaft Falsche – und eben dadurch bereitete ich mir das Los, das ich nun lernen muß, mit einer ihm eigentlich fremden Natur zu vereinigen.« Hier hatte sich ein »Repräsentant«, der es allerdings stets nur mit vielen ironischen Vorbehalten gewesen war, entschlossen von dem getrennt, was nicht mehr repräsentabel war, geschweige denn repräsentativ.

Hauptmann umgekehrt war, ob gern oder ungern, in seiner Jugend und eigentlich bis zum Ausbruch des Ersten Weltkrieges als Gegenerscheinung zu aller wilhelminischen Repräsentation betrachtet worden. Den Schiller-Preis, den ihm das Preisgericht zuerkannt hatte, durfte er nicht erhalten, denn Wilhelm II. kassierte den Beschluß der Jury und gab den Preis aus eigener Machtvollkommenheit dem

Manne, den er, der Hohenzoller, als repräsentativ empfand: Es war Ernst von Wildenbruch. Als Gerhart Hauptmanns Festspiel zur Jahrhundertfeier der Befreiungskriege in Breslau 1913 aufgeführt wurde, verließ der Kronprinz geräuschvoll und säbelrasselnd mitten während des Spiels die Kaiserloge.

Bis 1914 also war Hauptmann nach wie vor der literarische Repräsentant der Opposition. Das änderte sich von Grund auf nach der Novemberrevolution und mit Gründung der Weimarer Republik. In seiner Rede »Von deutscher Republik« aus dem Jahre 1923 hat *Thomas Mann,* an Hauptmann sich wendend, diesen Sachverhalt überaus klar formuliert: »Der intellektualistische Radikalismus, der in literarischer Sphäre die Revolution begleitete, war Ihrem Wesen nicht hold. ›Der Geist‹ war wider Sie. Das ist schon vorbei. Die scharfen Knabenstimmen, die Sie ›ungeistig‹ nannten, sind verstummt, die Welle trägt Sie, die sozialen sowohl wie die demokratischen Tendenzen der Zeit kommen Ihrer Größe zustatten. Der Sozialismus dieser Zeit ehrt in Ihnen den mitleidigen Dichter der »Weber« und des »Hannele«, den Dichter der Armen; und nachdem man der Demokratie alles nachgesagt hat, was ihr nachgesagt werden kann, ist festzustellen, daß sie des Landes geistige Spitzen, nach Wegfall der dynastisch-feudalen, der Nation sichtbarer macht: das unmittelbare Ansehen des Schriftstellers steigt im republikanischen Staat, seine unmittelbare Verantwortlichkeit gleichermaßen – ganz einerlei, ob er persönlich dies je zu den Wünschbarkeiten zählte oder nicht.«

In der Tat ist Gerhart Hauptmann während der Weimarer Republik in höchstem Maße als deren geistiger und künstlerischer Repräsentant verstanden worden. Was nicht heißen soll, daß er in politischem Konformismus diesem Staats-

und Gesellschaftssystem unbedingt gefolgt wäre. Das mochte dem außenstehenden Betrachter damals häufig so erscheinen. Dennoch lebte Hauptmann auch zwischen 1918 und 1933 in einer geistigen Zwischenwelt, die eine völlige gesellschaftliche Integration des Dichters mit der Weimarer Republik verhinderte.

Versagen und Leid

So aber fand er sich tief verstrickt in die Tragödie, die 1933 ihren Anfang nahm. Abermals vermochte er sich nicht zu entscheiden; wiederum kam es zu einem bedrückenden Zwischenzustand, der weder eine – menschenfeindliche – Integration Hauptmanns mit dem Dritten Reich herbeiführte, noch den Dichter der »Weber« und des »Florian Geyer« dazu brachte, zwischen dem deutschen Volk und den neuen deutschen Machthabern reinlich zu unterscheiden. Was sich nun ereignete, war traurig und jämmerlich zugleich. Er hißte das Hakenkreuz auf seinem Haus in Hiddensee. Er fand kein Wort öffentlicher Anklage gegen die Vertreibung seiner Freunde und Schüler, gegen Mord und Verfolgung so vieler unschuldiger und guter Menschen. Er schwieg.

Aber es war kein Schweigen der Billigung. Das wußten die Herschenden sehr wohl. Das Ministerium für Volksaufklärung und Propaganda – das weiß man heute – pflegte jeweils genau anzuweisen, wie sehr oder wie wenig Hauptmann gespielt und geehrt werden dürfe. Er schwieg auch dazu. Als einer seiner ältesten Freunde und Vorkämpfer, Alfred Kerr, vom Ausland her den Menschen und Dichter Hauptmann anfiel, mit einer Leidenschaft, die nur zu gut die enttäuschte

Liebe verriet, die in Haß umgeschlagen war, forderte man Hauptmann zur Entgegnung auf. Er wehrte traurig ab, verteidigte im vertrauten Kreise den Angreifer. Er spürte wohl, was an Richtigem, neben aller Maßlosigkeit, in diesen Klagen und Anklagen steckte.

Wir wissen aber heute auch, wie sehr Hauptmann im Dritten Reich und unter ihm als Künstler gelitten hat. In dem Versgedicht »Der große Traum«, das im Mai 1942 in Agnetendorf beendet wurde, mag es nachgelesen werden. Wir kennen heute das erschütternde Requiem »Die Finsternisse«, das Hauptmann für sich als Geheimschrift schrieb: als Antwort auf die Judenverfolgung, die auch einige seiner ältesten und engsten Freunde getroffen hatte. Wie sehr irren jene, wie wenig vermögen sie zu lesen, die behaupten, der späte Hauptmann habe sich in ein Ästhetenreich zurückgezogen, worin es nur noch Bildung, Mystizismus und zeitenfernes poetisches Spiel gegeben habe. Gewiß fehlen in diesem letzten Lebensjahrzehnt, fehlen eigentlich schon seit der Vollendung des Schauspiels »Vor Sonnenuntergang« die Werke, die im Sinne der frühen großen Hauptmannschöpfungen eindeutig ihrem Stoff und Gewand nach unserer Gegenwart zuzurechnen wären. Allein wer möchte behaupten, Goethes »Werther« enthalte mehr Zeiterlebnis seines Dichters als der in vergangenen Jahrhunderten spielende, wenn überhaupt geschichtlich genauer konkretisierbare Faust? Wer möchte bestreiten, daß Brechts »Mutter Courage« oder das »Leben des Galilei« in unmittelbarem Sinne als Zeitstücke geschaffen und gewollt wurden? Auch Hauptmanns letzte Erzählungen, das »Märchen« oder die Novelle »Mignon«, sind, ebenso wie der danteske »Große Traum« oder wie die »Atriden-Tetralogie«, groß angelegte Formen der Zeitdichtung. Sie sind uns nicht so leicht zugänglich wie die

Frühwerke ihres Meisters. Es fehlt ihnen wohl auch die künstlerische Einheit und Geschlossenheit des »Biberpelz«, des »Fuhrmann Henschel«, des Glashüttenmärchens »Und Pippa tanzt«, des »Bahnwärter Thiel« oder des »Ketzer von Soana«. Auch das hat nicht unbedingt mit einem Nachlassen der Schöpferkraft zu tun: Gerhart Hauptmann bleibt bis in sein letztes Lebensjahrzehnt, fast bis in die letzten Lebenstage, ein großer, ungemein gestaltungsmächtiger Dichter. Aber das Schaffen dieses Künstlers in und unter einer unmenschlichen Gesellschaft, das weder in der Form öffentlicher Anklage noch in jener der geheimen Abrechnung und Selbstabrechnung zur Entscheidung fand, mußte im geschaffenen Werk als Brüchigkeit, als Auseinanderstreben von Form und Inhalt, als Nebeneinander von Großem und Unzulänglichem in Erscheinung treten.

Hat Hauptmann auch das gewußt? Man muß es annehmen. Seinen letzten Werken entströmt ein Geruch von Blut und Tod. Immer schon hatte die vorklassische, archaische Welt der Griechen mit ihrer Anhäufung von Blutschuld und Blutrache, von Grausamkeit und Sühnestreben diesen deutschen Dichter des 19. und 20. Jahrhunderts in fast beängstigendem Maße angezogen. Fast sieht es so aus, als ob sich gegen Ende dieses Künstlerlebens die Unmenschlichkeit der Umwelt in einer Dichtung widerspiegele, die selbst hart an der Grenze des Unmenschlichen angesiedelt wurde. Allein diese Grenze wird nicht überschritten. Hauptmanns Dichtung bleibt bis zuletzt eine Dichtung der Humanität. In seiner Gedenkrede auf Gerhart Hauptmann im Jahre 1952 hat das Thomas Mann sehr schön ausgedrückt: »Leiden – Blut – der Schrecken der Nacht: und daraus denn nun, inbrünstig verschlungen damit, das Verlangen nach Schönheit, Licht, nach dem ›lösenden Jubel der Sonnen‹.«

»Leiden an Deutschland« – so überschrieb dieser selbe Thomas Mann die eigenen Tagebücher aus dem Jahre 1933/34. Auch Gerhart Hauptmanns Spätwerk berichtet vom Leiden an Deutschland. Thomas Manns »Doktor Faustus« endete trotz allem in der Hoffnung, in der Zuversicht auf das Licht, das alles Dunkel zerteilen werde. Gerhart Hauptmanns letzte Dichtungen entbehren dieses Trostes und dieser Hoffnung. Traurig waren Hauptmanns letzte Lebensjahre, seine letzten Lebenstage. Er hat den Untergang der geliebten Stadt Dresden miterleben müssen. Er flüchtete aus Dresden in das heimische schlesische Gebirge. Er starb in Agnetendorf am Vorabend einer Trennung von allem, was ihm Heimat, Erinnerung, Glück bedeutet hatte. Der Verkettung von Schuld und Schuldfolge, die in alledem lag, war er sich vermutlich bewußt. Man muß ahnen, daß ihm damals alles fragwürdig, anzweifelbar geworden war, was er von jeher geliebt und verehrt hatte. Das »Märchen«, 1941 vollendet, atmete tiefste und bitterste Einsamkeit. Die Novelle »Mignon« von 1944 ist weit weniger Anrufung Goethes als Absage an diesen Stern der schönsten Höhe: dreimal erscheint die Gestalt Goethes dem Dichter, dreimal bleibt es bei einem Anschauen, einem Augen-Blick. Goethe vermag offenbar nur noch zu warnen, nicht aber die Verstrickung des Nachfahren handelnd und bewirkend zu lösen.

Vielleicht aber liegt selbst darin nur ein Teil von Hauptmanns Wirklichkeit. Er war wie die meisten großen Dichter ein Mensch mit seinem Widerspruch, ein Dichter der Stufen, Gegensätze und Schichtungen. Auch er vereinigte in sich Elemente von Tasso und Antonio, von Faust und Mephisto. In einer Studie über Stifters »Nachsommer« schildert *Hugo von Hofmannsthal*, wie jedes große Kunstwerk und jede große Gestalt der Kunstgeschichte dem Grundsatz von Stirb und Werde unterworfen sei. Es gibt auch für die Kunstwerke und Künstler ein geistiges Sterben: sie treten dann ins Schattenreich, scheinen dem allgemeinen Bewußtsein zu entschwinden. Nur das wahrhaft Große und Gültige vermag schließlich von neuem Auferstehung zu halten.

Das Werk im Zustand des Übergangs

Hauptmanns Gestalt und Werk befinden sich gegenwärtig in einem solchen Zustand des Übergangs. Vieles ist gerettet, als gültig erkannt, unangefochten. Nicht bloß, wie manchmal immer noch behauptet wird, das gesellschaftskritische Werk der Frühzeit. Mehr als ein Dutzend dramatischer Werke kann man als gesicherten Bestand der Spielpläne deutscher Schaubühnen betrachten. Die wichtigsten Prosawerke sind lebendig geblieben. Wenn wir von Hauptmann sprechen, so bewegt sich eine Fülle erschütternder, erheiternder, skurriler und ehrfurchtgebietender Gestalten auf uns zu. Wir kennen die Namen und sehen sogleich die unvergeßlich geprägten Gestalten vor uns, die nur ein großer Dichter zu schaffen vermochte: Wehrhahn und Mutter Wolffen, Fabrikant Dreißiger und Moritz Jäger, Geyer und Löffelholz, Kollege Crampton und sein Faktotum Löffler, Michael und Arnold Kramer, Henschel und Hanne Schäl, Schluck und Jau, August Keil und Rose Bernd, das Ehepaar John und Direktor Hassenreuter, Pastor Angermann und seine Tochter Dorothea, Geheimrat Clausen und Inken Peters. Aber es sind nicht diese Gestalten allein, die wir in uns und mit uns leben sehen. Wir kennen auch Pippa, Michael Hellriegel und den alten Huhn; in uns klingen, wenn wir ganz eingehen in Hauptmanns Dichterwelt, manche Verse aus dem »Armen Heinrich«, die zum Beispiel den jungen Leser Thomas Mann so trafen, daß er sie ein ganzes Leben hindurch im Gedächtnis trug und jederzeit bereit hatte. Es wäre nicht schwer, auch im »Eulenspiegel«-Epos, im »Großen Traum«, in den sprachlich überaus kühnen Gebilden des Dramenkreises um Agamemnon, Elektra und Iphigenie ähnliche Versgruppen von Schönheit und Kraft zu entdekken. Vieles ist mißlungen, nicht weniges nur zum Teil geglückt. Der Dichter hat das gewußt.

Die Erscheinung des jungen Gerhart Hauptmann und die Wirkung, die von ihr ausging, hat ein berufener Zeuge mit wenigen Zeilen, wenigen Strichen für uns festgehalten. »Über Hauptmanns Drama wird noch viel gestritten und manche vieljährige Freundschaft ernster oder leichter gefährdet werden, aber über *eines* wird nicht gestritten werden können, über den Dichter selbst und über den Eindruck, den sein Erscheinen machte. Statt eines bärtigen, gebräunten, breitschultrigen Mannes mit Schlapphut und Jägerschem Klapprock erschien ein schlank aufgeschossener junger blonder Herr von untadligstem Rockschnitt und untadligsten Manieren und verbeugte sich mit seiner graziösen Anspruchslosigkeit, der wohl auch die meisten seiner Gegner nicht widerstanden haben. Einige freilich werden aus dieser Erscheinung, indem sie sie für höllische Täuschung ausgeben, neue Waffen gegen ihn entnehmen...« Man kennt den Tonfall, die – wie man abwandelnd wiederholen darf – »graziöse Anspruchslosigkeit« dieser Meisterprosa: so schrieb damals nur *Theodor Fontane*. Die Sätze stehen am Schluß seines Premierenberichts über die Uraufführung des sozialen Dramas »Vor Sonnenaufgang« im Lessing-Theater am 20. Oktober 1889.

Mehr als sechsundfünfzig Jahre später, nach Gerhart Hauptmanns Tode am 6. Juni 1946, notierte der Romancier des »Zauberberg« und Urheber der großartig-skurrilen Figur des Holländers Peeperkorn sein Bild von Gerhart Hauptmann im Tagebuch über die »Entstehung des Doktor Faustus«. Da las man es so: »Zweifellos hatte sie etwas Attrappenhaftes, bedeutsam Nichtiges, diese ›Persönlichkeit‹, hatte in ihrer geistigen Gebundenheit etwas von steckengebliebener, nicht recht fertig gewordener und ausartikulierter, maskenhafter Größe, also daß man, sonderbar gebannt, stundenlang an den Lippen des gebärdenreichen Mannes im schlohweißen Haar hängen mochte, ohne daß bei der Sache irgend etwas ›herauskam‹. Und doch kam unter Umständen etwas zwar vielleicht sehr Einfaches, aber durch die Persönlichkeit eigentümlich ins Relief Getriebenes und zu neuer und starker Wahrheit Erhobenes heraus, das man nie wieder vergaß.«

Als der alte Fontane den jungen Gerhart Hauptmann zum ersten Mal erblickte, war er sehr frappiert vom Widerspruch zwischen einer Erscheinung von graziöser Weltläufigkeit und dem tief ernsten, rebellischen Engagement im dramatischen Werk. Am alten Gerhart Hauptmann, dem Pseudo-Olympier, der in Wirklichkeit so fern war dem Geist der Goethezeit, entdeckte der Psychologe Thomas Mann denselben verblüffenden Widerspruch des Äußeren und Innern, von Form und Gehalt. Diese Widersprüche aber hingen mit der Substanz dieses Menschen und Künstlers zusammen.

Gerhart Hauptmann in unserer Zeit? Die Zeitstimmung ist ihm nicht günstig. Was vor Jahrzehnten bejubelt wurde, erscheint heute, auf der Bühne agiert, oft schwer erträglich. Anderes hat sich in erstaunlichem Maße zum Guten gewendet. Die »Ratten« erhielten bei ihrer Premiere am 13. Januar 1911 kaum mehr als einen Achtungserfolg. Damals waren, wie der Kritiker Siegfried Jacobsohn fünf Jahre später voller Freude an der Selbstkritik feststellen sollte, sowohl Publikum wie Kritik vor dem neuen Hauptmannwerk durchgefallen. Viele meinen heute, daß diese Berliner Tragikomödie, die so naturalistisch sein möchte und es so wenig ist, geschrieben in einem Dialekt, der in solcher Weise niemals gesprochen wurde, zum Größten gehört, was Hauptmann gestaltet hat.

Aber auch damit ist noch nicht alles gesagt über diesen so merkwürdigen, lange überschätzten und heute in ungerechter Weise unterschätzten Künstler. In seiner Jugend kam er zu sich selbst, als er den Hassenreuter in sich überwand. Aber auch die etwas hausbackenen und pausbäckigen Wahrheiten des jungen Spitta mußte er transzendieren. So bot sich der Irrweg einer Regression zu Hassenreuter an. Hauptmann ist ihn nur allzuoft gegangen. Dann aber entdeckte er hinter dem epigonalen Klassizismus des wilhelminischen Theaterdirektors *die wirkliche Antike*; ganz ohne edle Einfalt und stille Größe, in blutiger Archaik. Es war das Erlebnis zu Delphi im griechischen Frühling des Jahres 1907. So konnten Werke entstehen, wie der »Bogen des Odysseus« und die späte »Atriden«-Tetralogie. Dies war nicht Hassenreuter, aber auch nicht mehr Spitta. Eine eigentümliche Welt, die Gerhart Hauptmann gehörte und nur ihm.

Es wäre so leicht, ihn mit einer Handbewegung abzutun, diesen Gerhart Hauptmann. Der kluge und aufgeklärte Settembrini im »Zauberberg« versuchte seinem Schützling Castorp, der fasziniert war von Peeperkorn, den Fall zu explizieren. Peeperkorn sei einfach ein dummer alter Mann.

Aber Castorp glaubte ihm nicht, denn diesmal hatte der kluge Settembrini eine Dummheit gesagt.

Thomas Mann selbst wurde nicht fertig mit diesem Phänomen, allen Attrappen und Masken zum Trotz. Seine Frankfurter Gedenkrede zu Hauptmanns 90. Geburtstag im Jahre 1952 war Huldigung an einen großen Gestalter durch Sprache und Vision. Auch wir sind nicht fertig mit diesem Schlesier zwischen Progression und Regression, zwischen den Bürgerlichen und den Fuhrleuten, zwischen Klassik und Archaik, echter und falscher Bildung. Wir schwanken zwischen Gelächter und Erschütterung, aber zur Ruhe läßt er uns nicht kommen, dieser seltsame Mann. Gibt es bessere Indizien der Dauer als eben dies?

(1965)

Um Wedekind besser zu verstehen

> »Nichts ist billiger als sittliche
> Entrüstung.«
> Karl Kraus über »Die Büchse der
> Pandora« von Wedekind

In seinen Anfängen, also um 1890/91, da war er sechsundzwanzig, wußte die literarische Öffentlichkeit, die es wissen mußte, genau Bescheid über Frank Wedekind. Der war ein Pornograph. Seine angebliche »Kindertragödie« mit dem Titel »Frühlings Erwachen« war keine Tragödie, sondern ein unsittliches Machwerk. »Schweinkram« nannte man das in Hamburg und auch in Hannover, wo Wedekind, der Sohn eines ostfriesischen Arztes und einer ungarischen Schauspielerin, im Jahre 1864 zur Welt kam.
Wedekind hat nichts von jenem Damals vergessen. Im Jahre 1908, da war er bereits ein berühmter Stückeschreiber, forderte man ihn auf, einen (kurzen) Vortrag zu halten zum Thema »Kunst und Sittlichkeit«: was recht eigentlich sein Lebensthema gewesen ist. Der Redner mokiert sich zunächst über die kompakte Bedrohlichkeit des Begriffes »Sittlichkeit«. Wedekind differenziert: »Trotzdem gibt es verschiedene Arten Sittlichkeit: Krähwinkler Sittlichkeit. Hannoversche Sittlichkeit. Preußische Sittlichkeit. Deutsche Sittlichkeit. Menschliche Sittlichkeit. Sittlichkeit des Soldaten (blinder Gehorsam). Sittlichkeit des Künstlers (für seine Überzeugung einzutreten).« Dann freilich folgen zwei rätselhafte Sätze, damals im Jahre 1908, sechs Jahre vor Ausbruch eines Ersten Weltkriegs: »Nun kommt ein Gebiet, wo es keine Sittlichkeit mehr gibt, weil das Elend zu groß

ist. Raubtiermoral. Alles mitten in der christlichen Kultur.«

Weil das Elend zu groß ist. Das menschliche Raubtier wäre demnach nicht motiviert durch Freude an der Gewalt, sondern durch Not. Mitten in der christlichen Kultur. Sittlichkeit im Hannoverschen, Preußischen und Deutschen Sinne müßte folglich als Ursache von Elend gedeutet werden, gegen das sich die Sittlichkeit des Elends, anderorts als Unsittlichkeit interpretiert, als Gegenmoral zu wehren hätte.

Natürlich ist dies, wie nahezu alles, was er geschrieben hat, der merkwürdige Mann, eine Selbstaussage. Übrigens auch eine Aussage über *das sogenannte Raubtier mit Namen Lulu*. Wedekinds Rede über die Beziehungen zwischen Kunst und Moral, die er mit einem Bekenntnis zum Primat der Kunst vor aller Sittlichkeit beendet, ist vielleicht die gültigste Aussage über das eigene Werk gewesen: diesmal nicht verstellt durch die Freude am Paradox, durch bösen Humor, durch Polemik.

Wedekinds geheime Selbstaussage wäre mithin zu verstehen als Bekenntnis zu einer *Gegenmoral* derer, die gesellschaftlich im »Elend« leben. Denen der Künstler, mit Hilfe seiner Kunst, zur Kenntlichkeit verhelfen muß. Zur Kenntlichkeit, und dann zu ihrem Recht in der Gesellschaft. Diesen Weg ist Wedekind gegangen. Von der »Kindertragödie« bis zur engen Verbindung der Sphären von Kunst und Gegensittlichkeit in den Stücken »Carl Hetmann, der Zwergriese« (1904/05) und »Musik« (1908).

Die Skandale um »Frühlings Erwachen« in den frühen neunziger Jahren des 19. Jahrhunderts und um die Dialoge, die *Arthur Schnitzler* unter dem Titel »Reigen« gleich zu Beginn des neuen Jahrhunderts (1900) herausgegeben hatte, sind historisch und gesellschaftlich benachbart. Die Szene, da Hänschen Rilow die Bilder nackter Damen, die ihn inspirieren mußten, durch Wasserspülung vernichtet, dann die Szene der beiden Jungen, Hänschen und Ernst im Weinberg, und das unflätige Reden des Soldaten bei Schnitzler, als man gehabt hat, was man wollte, und das »Fräuln Marie«, das immer noch im Gras liegt und um etwas Zärtlichkeit bettelt: alles kündet von menschlichem Elend. Mitten in der christlichen Gesellschaft.

Wedekind war bloß erbittert, angesichts des Protestgeschreis über die Kindertragödie, über die Behauptung: so etwas gebe es nicht! In einer Rückschau auf das eigene Werk, die er im Jahre 1911 niederschrieb und der er den ironischen Titel gab »Was ich mir dabei dachte«, antwortet er immer noch gereizt, obwohl »Frühlings Erwachen« inzwischen als wichtiges und poetisches Kunstwerk anerkannt wurde: »Fast jede Szene entspricht einem wirklichen Vorgang. Sogar die Worte ›Der Junge war nicht von mir‹, die man mir als krasse Übertreibung vorgeworfen, fielen in Wirklichkeit.«

Hier unterscheiden sich die Skandale um Schnitzlers »Reigen« und alle Wedekind-Skandale voneinander. Arthur Schnitzler war Arzt und ein Psychologe, dessen Gleichzeitigkeit zu Sigmund Freud immer wieder erstaunen macht. Die Gespräche, während der Reigen der Kopulationen abläuft mit allen sozial genau abgestuften Verhaltensweisen und Redensarten »vorher« und »nachher«, sind kristallisierte Erfahrungen eines melancholischen Erotikers. Diagnosen eines Arztes ohnehin, der nichts verändern, aber auch nichts beschönigen möchte. So traf ihn der Skandal, der in den zwanziger Jahren, nach dem Berliner Versuch einer Aufführung von »Reigen«, zum berüchtigten »Reigen-

Prozeß« führen sollte, tief und schmerzhaft. Schnitzler verbot daraufhin alle weiteren Aufführungen seines Textes.

Eine solche Reaktion wäre undenkbar gewesen für Frank Wedekind. Er war in noch stärkerem Maße als der Österreicher vor allem Dramatiker. Freilich gibt es bedeutende Erzählungen von Wedekind, neben seinen herrlichen Bänkelgedichten. Der »Brand von Egliswyl« und auch die Erzählung vom »Rabbi Esra« gehören unmittelbar zum Bereich der Wedekindschen Gegenmoral. Der Brandstifter von Egliswyl als Opfer der herrschenden Moral. Der Rabbi Esra verkündet Wedekinds Gegenlehre.

Wedekinds wichtigste Texte sind als Erfahrungen eines Menschen konzipiert, der sich in vielen sozialen Sphären umtat: als Jurastudent, Zeitungsschreiber, Reklamechef bei Maggi, als Sekretär beim Zirkus. Wirklich lebte er wohl nur im Nichtleben des Theaters. Das Leben als Theater, das Theater als wirkliches Leben: diese Grundposition verbindet Lulu und den Marquis von Keith, den König Nicolo und die arme Musikschülerin Klara Hühnerwadel. Der Moralist und utopische Rassezüchter Carl Hetmann freilich versteht sie nicht, diese Verstrickung der beiden grausamen Sphären: der ästhetischen und der bürgerlich-realen. Daran geht er zugrunde.

Wedekind wäre niemals, wie Arthur Schnitzler, auf den Gedanken gekommen, den Kampf aufzugeben und auf die unsittliche Schreiberei zu verzichten. Abdankung war nicht seine Sache. Da hielt er es mit seinem Marquis von Keith, dem Hochstapler, der keinen Selbstmord begeht, sondern aufbricht, weil das Leben eine Rutschbahn ist, zu neuen Taten.

Gespielt werden sollten sie um jeden Preis, seine Pornos. Blieb der Konflikt mit einem Theaterbetrieb, der nun ein-

mal ausgerichtet war an Stücken der bürgerlichen Offizial-
moral. Er taugte nicht für Wedekinds Stücke der Gegen-
ethik.
So machte sich der Stückeschreiber selbst, und recht unwil-
lig, wie seine Freunde und Gefährten berichtet haben, zum
Wedekind-Spieler. In der Rückschau bemerkt Wedekind,
aus Anlaß des Marquis von Keith: »Ich hielt Keith immer
für mein künstlerisch reifstes und geistig gehaltvollstes
Stück, den Keith selbst für die beste Rolle, die ich geschrieben habe. Ich werde nie mehr den Versuch machen, eine solche Rolle zu schreiben, da keine Darsteller dafür existie-
ren.«

Die Enttäuschung, welche aus solchen Thesen spricht, war
begründet. Die Theaterpraxis des frühen 20. Jahrhunderts
im Deutschen Reich, nicht zu reden vom Wiener Burgthea-
ter (wie gerade Karl Kraus, der Protektor Wedekinds, immer wieder demonstrierte), entwickelte sich beim Umgang
mit den Stücken der Naturalisten und dann der Neuromantiker. Allein die kleinbürgerliche Kindertragödie Wedekinds hatte nichts zu tun mit den Naturalisten. Mit deren
Vorkämpfer Gerhart Hauptmann entzweite sich der junge
Wedekind, nach kurzer Freundschaft, auf immer. Aus diesem Zwist entsprang Wedekinds Komödie »Fritz Schwiege-
ling. Der Liebestrank«. Das zweite Stück nach »Frühlings
Erwachen«: »Schwank in drei Aufzügen«.
Neuromantik war Wedekinds Sache fast noch weniger. Der
»König Nicolo« ist eher Parodie der Neuromantik. Ganz
wie Büchners Lustspiel »Leonce und Lena«, das man zu seinen Lebzeiten und noch lange nach Büchners frühem Tod
als romantisch-epigonal empfand. Es war aber ein bös-par-
odistisches Spiel mit dem romantischen Inventar.

Was den Dramatiker der »Lulu« und des »Marquis von Keith« immer wieder verzweifeln ließ, war die Unfähigkeit damaliger Schauspieler, auch der besten, mit Wedekinds *Sprache* umzugehen. Man hat immer wieder versucht, zu Lebzeiten der beiden, wie auch lange nachher, die Diktionen Wedekinds und *Carl Sternheims* miteinander zu vergleichen. Sie haben aber nichts miteinander zu tun. Ein so sprachbesessener Mann wie Karl Kraus spürte das sogleich. In Wedekinds Briefen nach Wien an seinen Gönner, den Herausgeber der »Fackel«, versucht Wedekind stets von neuem, das Wohlwollen des Meisters auch für die Literatur des Dramatikers eines »Bürgerlichen Heldenlebens« zu erwirken: ohne Erfolg oder auch nur Antwort.

Von seinem Standpunkt aus war Karl Kraus folgerichtig. Sternheims Raubtiere gehören entweder zur Oberschicht, oder sie wollen dorthin. Ihre Sprache ist dem Herrenjargon angepaßt. Der Stückeschreiber ist gleichfalls angepaßt, wenngleich voller Ironie: er bewundert, der Jude und reiche Erbe, die eigentlichen Herrschaften, die ihn als nicht satisfaktionsfähig abtun. Klaus Mann, der Umgang hatte sowohl mit der Familie Wedekind wie mit Carl Sternheim, hat das einleuchtend beschrieben.

Sternheims Sprache ist ironisch gebrochen: die schöngeistige Phrase kollidiert mit den Geschäften. Bei Theobald Maske, der ein Zimmer vermietet und über Schiller und Luther schwatzt; beim deutschen Männergesang in »Bürger Schippel« und beim Übergang von Eichendorff und Robert Schumann zu den Millionengeschäften in dem Stück »1913«.

Frank Wedekinds Sprache ist durchaus nicht ironisch gebrochen, wie man beim raschen Hinblick glauben möchte, sondern ernsthaft hochdramatisch oder bewußt konzipiert als humoristischer Umschlag von der hochdramatischen in die banale Diktion.

Bei der wilden Eifersuchtsszene am Schluß von »Erdgeist«, der zur Erschießung des Dr. Schön durch Lulu führen soll, klagt Schön wütend darüber, daß der Liebhaber Rodrigo entkommen konnte. Lulu erklärt, aufrichtig wie stets: »Er ist Kunstturner.« Darauf die Replik des Dr. Schön: »Das war nicht voraus zu sehen.« Die Tragödie schlägt sprachlich um ins Gelächter.

Über sein Stück »Musik. Sittengemälde in vier Bildern«, worin Richard Wagner ebenso umgeht wie im »Kammersänger«, schreibt Wedekind, indem er übrigens den Stücktitel umformuliert als »Musik oder Der Fluch der Lächerlichkeit«: »Die Rolle der Hühnerwadel ist die Karikatur einer Heroine und darf nicht als sentimentaler Schmachtlappen gespielt werden.«

Schon beim Rückblick auf »Frühlings Erwachen« hatte der Autor voller Genugtuung angemerkt: »Während der Arbeit bildete ich mir etwas darauf ein, in keiner Szene, sei sie noch so ernst, den Humor zu verlieren.« Wedekinds Humor beruht jedoch stets, wie bei allen wirklichen Humoristen, auf einer Sprache, deren seriöse Grundhaltung alle sprachliche Witzelei ausschließt, um desto treffender die *Lebenskomik* zwischen den Menschen auf der Bühne zu offenbaren. Darum ist jenes Wort, das der Vater des Selbstmörders spricht, das sei nicht sein Kind gewesen, ebenso tief humoristisch wie das Trostwort des Schulmeisters für den gebrochenen Vater: »Wir hätten ihn ja wahrscheinlich doch nicht promovieren können.«

Immer von neuem soll, nach Wedekinds Absicht, eine erstarrte, floskelhafte Sprache die Lebensfeindlichkeit der Zustände und Handlungen demonstrieren. Bei Sternheim gab es einen sehr persönlichen, oft wirkungsvollen Sprechstil. Bei Wedekind, das hatte Karl Kraus sogleich ausgemacht, verrät die Sprache die gesellschaftliche Unnatur.

Die Eltern des Melchior Gabor, des Untäters, den nicht einmal die »Korrektionsanstalt« zu bändigen vermag, weil er ein kraftvoller junger Mensch ist, der den eigenen Gefühlen vertraut, streiten sich, als die uneheliche Vaterschaft des Minderjährigen feststeht, über den Wert einer autoritären und anti-autoritären Erziehung. Die heutige Terminologie paßt genau auf die Vorgänge in dem Stück »Frühlings Erwachen«, das um 1890 entstand. Die Mutter verteidigt den Sohn. Vater Gabor antwortet mit dem versteinerten Satz: »Er hat sich vergangen!« Die Mutter: »Er hat sich nicht vergangen!« Den Satz hat Wedekind gesperrt drucken lassen. Der Autor stimmt für die Mutter. Doch sogar die Mutter äußert echte Gefühle in einer unechten Sprache.

Echt ist die Sprache der kleinen Wendla Bergmann, die unter den Händen der Abtreiberin verbluten soll. Die angstvollen Fragen der Pubertät wurden ihr nicht beantwortet, darüber spricht man nicht. Nun ist es soweit. Auf die entsetzte Mutterfrage gibt es nur die Antwort: »Wir lagen im Heu...«

Von hier aus, allein von der Spache nämlich, ist das scheinbare *Monstrum Lulu* zu verstehen. Das Mädchen aus der Tiefe der Gesellschaft, angelernt und vermutlich auch geliebt von Schigolch, hat das reine und unmittelbare Sprechen gemein mit der vierzehnjährigen Wendla Bergmann. Natürlich redet Lulu mit dem jeweiligen Partner stets in seiner Sprache. Wie Mozarts Don Giovanni beherrscht sie alle Sprachen der Verführung, hat dafür aber keine eigene Diktion. Die braucht sie auch nicht.

Allein sie lügt nicht, diese angebliche Dämonin. Das ist sie nur in den Männerphantasien. Vor dieser Frau werden alle Männer zur Kenntlichkeit verändert: ausbeuterisch, geil, schlapp-schöngeistig, verklemmt, mörderisch. Kenntlich aus eigener Kraft ist allein die Geschwitz: Lulus wirkliche Gegenspielerin.

Wer nicht lügen will, muß auf der Hut sein. Vielleicht ist der Herr Obermedizinalrat Goll gar nicht tot, er tut bloß so. Folglich muß zuerst, aus Vorsicht, ein bißchen geschäkert werden. Als er wirklich tot ist, bleibt Lulu ganz sachlich. Was geht sie der Tote an. Aber Wedekinds Humor treibt sogar Lulu immer wieder in die ihr wesensfremde Phrase. Goll also ist tot, und Lulu denkt darüber nach. »Und niemand, der ihm den letzten Dienst erweist. – Ist das trostlos…« Sie selbst aber schließt ihm die Augen nicht.

Natürlich hat Wedekind die Geschichte der Lulu als ein in sich einheitliches Spiel konzipiert, das auf zwei Theaterabende verteilt werden muß. Beim Schreiben, so bekannte der Dramatiker im Jahre 1906 in der Vorrede zu einer neuen Buchausgabe der »Büchse der Pandora«, habe er »nicht im Traume daran gedacht«, daß dergleichen einmal gespielt werden könnte. Die deutsche Justiz gab ihm recht. Als Wedekind, als Reaktion auf Verbote und Gerichtsurteile, im Jahre 1907 einen satirischen Einakter mit dem Titel »Die Zensur« verfaßte, brauchte er, als Leser von Karl Kraus, bloß zu zitieren, um ein Motto für den Einakter parat zu haben, den er gern als Vorspiel zur »Büchse der Pandora« aufgeführt gesehen hätte. Das Motto lautete so: »Wenn sich der Wedekind einbildet, daß wir ihm seines Einakters ›Die Zensur‹ wegen ›Die Büchse der Pandora‹ freigeben, dann täuscht er sich gewaltig. Oberregierungsrat von Glasenapp.«

Der »Erdgeist« durfte im Deutschen Reich gespielt werden, die Fortsetzung aber nicht. Erst in den zwanziger Jahren brachte das Preußische Staatstheater am Gendarmenmarkt in Erich Engels Regie eine noch von Wedekind autorisierte Fassung für einen Abend. Mit Gerda Müller als Lulu, Lucie Höflich als Geschwitz und mit Fritz Kortner sowohl als Dr. Schön wie als Mörder Jack the Ripper.

Karl Kraus hat auch hier, mit Goethe zu sprechen, wieder einmal wie ein »Selbsthelfer in anarchischer Zeit« gehandelt, als er in Wien eine sorgsam ausgewählte Gästeliste aufstellte. Eingeladen wurde zu einer Privataufführung der »Büchse der Pandora« am 29. Mai 1905. Auf Kosten des Gastgebers. Polizeilich und juristisch abgesichert. Die äußeren und inneren Folgen dieser Veranstaltung waren fast unabsehbar. Die Schauspielerin Tilly Newes war Lulu. Sie wurde bald darauf Frau Tilly Wedekind, die Mutter seiner Töchter Pamela und Kadidja. Albert Steinrück, später der erste Darsteller des »Woyzeck«, spielte den Dr. Schön. Adele Sandrock, die Burgschauspielerin und Freundin Arthur Schnitzlers, als Gräfin Geschwitz. Im Zuschauerraum saß der Musiker *Alban Berg*. Er sah später jenen Schauspieler Steinrück auch als Büchner-Spieler. Der Weg wurde erkennbar, der den Musiker vom »Wozzeck« zu seinem späten Lebenswerk führen sollte: zur Wedekind-Oper »Lulu«.

Der Gastgeber hielt einen Einführungsvortrag, der nicht bloß zu den besten Texten von Karl Kraus gehört, sondern wahrscheinlich als Deutung der Lulu-Tragödie kaum übertroffen werden kann. Lulu sei kein Monstrum, sondern eine tragische Gestalt in einer Welt der Männervisionen. Beide »sind« sie für Lulu, Wedekind wie Kraus. Kraus ergriff auch im Alltag stets Partei für die Opfer jener, wie Wedekind formulierte, »drei barbarischen Lebensformen der Frau«. Nämlich für die verspottete alte Jungfer; für die Dirne; für das unerfahren in eine rentable Ehe hineinverheiratete junge Mädchen. Die Thesen stehen in Wedekinds Stück vom Zwergriesen Carl Hetmann. Es waren im Grunde Thesen von Kraus, die er in den Texten seines Buches über »Sittlichkeit und Kriminalität« verkündet hatte. Kraus wiederholt sie deshalb auch, als Wedekind-Zitat!, in der Rede zur »Büchse der Pandora«.

Dieser Einführungsvortrag läßt übrigens auch einen *Dissens* zwischen Wedekind und Kraus ahnen. Es handelt sich um die moralische Bewertung der Lulu-Tragödie. Wedekind habe, so versteht es Kraus, das Schicksal der Lulu als einen Opfergang verstanden, über dessen Abschluß die Bürgermoral befriedigt sein müßte. Recht geschieht ihr...

Karl Kraus wehrt sich gegen diesen Opfergang: »So hat sich ein Publikum, dem der Stoff mißfällt, wenigstens nicht über die Gesinnung zu entrüsten. Leider, denn *ich* halte die Gesinnung für arg genug.«

Was heißen soll: Lulu hat nach den eigenen Lebensgesetzen gehandelt, ist also weder zu verdammen noch zu bedauern. Sie hat es so gewollt. Sie ist in der Tat, was Wedekinds Ironie beabsichtigt haben mag, ein verzerrter und auch parodierter *weiblicher Faust*. Auf jede Tat oder Untat folgt das Vergessen. Bei Faust ein Trank oder Heilschlaf. Bei Wedekind das hilfreiche und totale Vergessen. Sie »weiß« es wirklich nicht.

Dann folgt noch, in jener Rede zum Thema Erdgeist, eine moralische Betrachtung, worin Kraus und Wedekind, nun wieder gemeinsam, das Credo einer Gegenmoral zu den herrschenden (und männlichen) Sittlichkeitsdekreten postulieren. Nämlich so: »Die Scheu, die der Mensch seinen eigenen Gefühlen gegenüber hegt, gehört in die Zeit der Hexenprozesse und der Alchimie. Ist eine Menschheit nicht lächerlich, die Geheimnisse vor sich selber hat? Oder glauben Sie vielleicht an den Pöbelwahn, das Liebesleben werde verschleiert, weil es *häßlich* ist? Im Gegenteil, der Mensch wagt ihm nicht in die Augen zu sehen...« Geschrieben im Jahre 1905.

Wedekinds wichtige Frauengestalten wirken, in ihrem Verhältnis zueinander, wie ungleich-gleiche Geschwister. Auch Wendla Bergmann, auch Lulu, auch die unfreiwillige Heroine *Klara Hühnerwadel* in dem »Sittengemälde in vier Bildern« aus dem Jahre 1906, das den bizarren Titel »Musik« bekommen hat. »Musikalisch« ist gar nichts an und in der Geschichte dieser schweizerischen Klavierstudentin, der ihr Professor an einem berühmten deutschen Konservatorium rät, doch besser Sängerin zu werden. Wagnersängerin. Vorausgesetzt, daß sie das Konservatorium verläßt, um seine Privatschülerin zu werden. Was auch befolgt wird.
Wedekind gab den Bildern jeweils eine betont geschmacklose Überschrift. Bei Nacht und Nebel. Hinter schwedischen Gardinen. Vom Regen in die Traufe. Nur die letzte Überschrift ist anders gehalten: »Der Fluch der Lächerlichkeit«. Sie weist hin auf die These des Autors. In einer späteren Rückschau hat Wedekind, indem er übrigens die Klara als Fanny Hühnerwadel vorstellt, dem eigenen Stück einen zweiten Titel verpaßt: »Musik oder Der Fluch der Lächerlichkeit«.
Ein genau und kompliziert gebautes Stück. Zunächst die Geschichte einer platten Frauenmisere. Musikprofessor schwängert Schülerin und veranlaßt Abtreibung. Rät zur

Flucht vor dem Staatsanwalt und gibt Geld. Will nicht mehr zahlen und rät zur Rückkehr und Gefängnishaft. Klara wird begnadigt von irgendeiner allerhöchsten Stelle, und alles fängt wieder an. Wieder Schwangerschaft, aber diesmal will sie das Kind behalten. Sie kehrt zurück in die Schweiz, aber das Kind stirbt an irgendeiner Infektion.

Wedekinds Grinsen begleitet fast jede Szene. Auch die Schluß-Sentenz ist Parodie. Drei Jahre vor der Entstehung des Stückes, im Jahre 1903, hatte Wedekinds gehaßter Gegenspieler Gerhart Hauptmann seine traurige Mädchengeschichte der »Rose Bernd« aufführen lassen. Da sagt ein braver Mann am Schluß, vor dem Fallen des Vorhangs: »Das Mädel... was muß die gelitten han!« Bei Wedekind erhält der nichtsnutzige Literat Lindekuh, der vieles angerichtet hat, abermals in seiner verlogenen Diktion das Schlußwort: »Die kann ein Lied singen!«

Besagter Lindekuh aber kann auch seinerseits ein Lied singen. »Franz Lindekuh, fünfunddreißig Jahre alt, glattrasiert und kurzgeschoren, tritt ein.« Ein paar Jahre älter als Wedekind, aber wie dieser, in der damaligen bärtigen Männermode, »glattrasiert und kurzgeschoren«. Wedekinds letzter und getreuer Schüler, der junge Brecht aus Augsburg, übernahm auch für sich das Erscheinungsbild.

Dann wäre jener Lindekuh, der sich permanent moralisch entrüstet, auch eine *Wedekindsche Selbstparodie?* Sehr wahrscheinlich. Die Mutter Hühnerwadel, die Frau Oberst, scheint es genauer zu wissen. »Ich habe bei uns in der Schweiz schon die empörendsten Ruchlosigkeiten über Sie gehört.« Der einstige Mitarbeiter der Firma Maggi schenkt es seinen Eidgenossen nicht. Der Hohn über schweizerische Schützen- und Sängerfeste bewirkt immer wieder Komik. Das gefallene Mädchen Klara (also die Maria Magdalena bei

Hebbel!) soll ausgerechnet in Glarus die Eva singen in der »Schöpfung« von Haydn. Wagner-Parodie natürlich. Kopie der Ibsen-Konstellation aus der »Wildente«. Wedekind hatte sich ausführlich mit Ibsen beschäftigt. Das Ehepaar Reisner als Ibsens Ehepaar Ekdal. Der Lindekuh als Mann der moralischen Forderung. Die ahnungslose und reine Sängerin Hühnerwadel als untragische, unfreiwillig komische Wildente. So muß es wohl gelesen werden.

Warum aber dies geheime Geflecht der Anspielungen und Zerrbilder, das auch den eigenen Autor nicht verschont? Wedekind antwortete: »›Musik‹ ist kein Schlüsselstück, wie mir mit bewußter Böswilligkeit vorgeworfen wird, sondern eine Charakterstudie. Die Rolle der Fanny (!) Hühnerwadel ist die Karikatur einer Heroine und darf nicht als sentimentaler Schmachtlappen gespielt werden…«

Wagner-Gefühle in einer Umwelt der bürgerlichen Misere. Darum spricht Klara zwar im übersteigerten Heroinenton, allein sie lügt niemals, weil sie ihren Gefühlen traut.

Plötzlich wird auch der scheinbar absurde Stücktitel verstehbar. Als sie endlich klarsieht in der eigenen Geschichte, kommt es zur Erkenntnis, die abermals falsch formuliert wird: »Musik! Musik! – Was habe ich um deinetwillen auf Gottes Welt schon ausgestanden.«

Wendla Bergmanns Unwissenheit. Lulus Vergessenkönnen. Klaras musikalische Scheingefühle. Am Ende steht immer die Katastrophe. Hier hat Wedekind längst aufgehört zu grinsen. Unser Zeitgenosse Frank Wedekind. Gar nicht weit entfernt von *Samuel Beckett,* bei dem es einmal heißt: nichts sei so komisch wie das Elend anderer Leute…

(1987)

Heinrich Manns »Untertan«
als Roman des Kaiserreichs

> »Solange wir solche Herren haben,
> werden wir der Schrecken der ganzen
> Welt sein!«
>
> Generaldirektor
> Doktor Diederich Heßling

Auch der letzte deutsche Kaiser ist immer noch eine deutsche Wunde. Darüber spricht man nicht. Als er jedoch noch glänzte und blitzte, gab es kaum ein Gespräch unter Deutschen, worin er nicht vorkam.

Freilich, es gab die Nörgler und Nestbeschmutzer auch im Kaiserreich. Ihnen waren Wilhelms Reden unheimlich: das mußte zum Krieg führen mit der halben außerdeutschen Welt. Es wurde schlimmer, wie man weiß. In Heinrich Manns Roman »Der Untertan«, der noch rechtzeitig fertig geworden war im Kriegsjahr 1914, um sogleich verboten zu werden, weiß der Herr Generaldirektor Doktor Diederich Heßling, ein Ebenbilde seines Kaisers im bürgerlichen Provinzmilieu des Städtchens Netzig, in einer Rede auf dem Marktplatz so zu tönen: »Seine Persönlichkeit, seine einzige, unvergleichliche Persönlichkeit ist stark genug, daß wir allesamt uns efeuartig an ihr emporranken!«

Der bayerische Nörgler *Ludwig Thoma* hingegen, ein nationaler deutscher Mann, später auch, nach der Katastrophe, ein schlimmer deutscher Nationalist, schreibt im Jahre 1907 in einem ausführlichen Essay über »Die Reden Kaiser Wilhelms II.« nüchtern-prophetische Worte: »Alle bürgerlichen oder – hier richtiger gesagt – alle Zivilverhältnisse sind in diesen Reden perhorresziert. Es ist, als ob die ganze deutsche Welt von heute mit Säbeln über das Pflaster klirrte.«

Kaiser Wilhelm hätte das vermutlich bestätigt: mit anderen, huldvolleren Worten. Der Untertan Heßling findet eben dies herrlich und notwendig. Da er selbst sich vor allem Militärdienst zu drücken wußte, genießt er den Makel, selbst kein Uniformträger zu sein, indem er die Uniform vergöttert: »Sie, die einzige wirkliche Ehre, gebrach ihm nun einmal, und Diederich mußte auch hier wieder bemerken, daß man ohne Uniform, trotz sonstiger Erstklassigkeit, doch mit schlechtem Gewissen durchs Leben ging.«

So ist es gewesen und lange geblieben im Deutschen Reich. Auch als die Verfassung von Weimar aus dem Jahre 1919 im ersten Artikel verkündet hatte: »Das Deutsche Reich ist eine Republik. Die Staatsgewalt geht vom Volke aus.« Allein der »Zauber der Montur«, den ein beliebter Schlager zur Kaiserzeit besungen hatte, war intakt geblieben. Um die Mitte der zwanziger Jahre setzte uns ersten Semestern des Jurastudiums der Professor, übrigens jüdischer Herkunft, in der »Einführung in die Rechtswissenschaft« auseinander: wir künftigen Juristen seien sozusagen, im Offiziersjargon gesprochen, »Die Garde vons Zivil!«

Daß im Reich von Kaiser und Untertan der »Hauptmann von Köpenick«, ein armer Knastbruder, mächtig und furchtbar werden konnte dank einer Hauptmannsuniform, war eine Konstellation, die sich stets wiederholen konnte. In der Weimarer Ära gelang es einem jugendlichen Hochstapler, mit Namen Harry Domela, der ein bißchen aussah wie ein Hohenzoller, in feudalen Studentencorps ein herrliches Leben zu führen. Er mußte gar nicht erst behaupten, Kaiserenkel zu sein. Man wollte es so haben.

Sogar der Erfolg von *Carl Zuckmayers* Komödie über den armen Schuster und »Hauptmann« Wilhelm Voigt heftete sich ein bißchen an den Abglanz von Kaiserreich, Uniform und Untertänigkeit. Ganz wie auch später, nach einem Zweiten Weltkrieg, der Erfolg von Zuckmayers bedenklichem Spiel um »Des Teufels General« böse nostalgische Seelenregungen provozierte. Es gab und gibt immer wieder die Diederich Heßlings in deutschen Landen. Das macht: sie gedeihen im stets selben Erdreich. Um die Mitte der zwanziger Jahre hielt Thomas Mann im Rathaus der Vaterstadt Lübeck eine Rede über »Lübeck als geistige Lebensform«. Es lief hinaus auf ein Lob des hanseatisch-republikanischen Bürgertums. Bruder Heinrich Mann, auch ein Lübecker und Senatorssohn, schrieb in seinem Roman »Der Untertan« gleichsam einen Traktat über *»Netzig als geistige Lebensform«.* Netzig ist eine Romanerfindung. Netzig gibt es nicht, oder vielmehr: es gibt es allerorten in Deutschland. Netzig überlebte das Kaiserreich und den Deutschen Kaiser und König von Preußen Wilhelm II.

»Diederich Heßling war ein weiches Kind, das am liebsten träumte, sich vor allem fürchtete und viel an den Ohren litt.« Der erste Satz des Romans vom »Untertan« wurde mit Recht berühmt und oft zitiert. Der seelische Mechanismus ist wohlbekannt. Dergleichen ergibt gute Untertanen. Die Wollust der Feigheit und der Untertänigkeit. Der Typ Radfahrer. Der deutsche Ausdruck »Angeber« ist doppeldeutig. Diederich Heßlings Geschichte ist gleichzeitig die Karriere eines Wichtigtuers und eines Denunzianten. Im Roman gipfelt die Petzerei in dem schönen Prozeß wegen Beleidigung seiner Majestät, den der Angeber Diederich angezettelt hat. Obwohl oder weil er damit in einem noch leidlich bürgerlichen Gemeinwesen viel Ärger verursacht. Allein er hält es mit seinem Kaiser: »Wer sich mir entgegenstellt, den zerschmettere ich!«

Heinrich Mann brauchte nichts zu erfinden. Prozesse wegen Beleidigung des herrlichen Monarchen waren seit der Jahrhundertwende, als der Glanz des jungen Kaisers arg verdunkelt schien, alltäglich geworden. Ludwig Thoma schrieb seine Analyse des Rhetors Wilhelm im Gefängnis zu Stadelheim, wohin man ihn für sechs Wochen geschickt hatte: wegen Beleidigung der Sittlichkeitsvereine. Sittlichkeitsprozesse und Majestätsbeleidigung: bei Heinrich Mann gehören sie mit Recht zusammen. Der Autor des »Untertan« schrieb auch den Roman vom »Professor Unrat«, die berühmte Geschichte vom Lübecker Nachtlokal »Der Blaue Engel« und von der »tollen Lola«, also der Künstlerin Fröhlich.

Ungefähr gleichzeitig mit Ludwig Thomas Kaiser-Essay verfaßte der Historiker *Ludwig Quidde*, Spezialist für Alte Geschichte an der Universität München, eine Studie über den römischen und knabenhaften Soldatenkaiser Caligula. Quidde wurde wegen Beleidigung des deutschen Kaisers angeklagt, und auch verurteilt. Der Richter fragte Quidde: »Woran dachten Sie beim Schreiben?« Der Angeklagte antwortete: »An Caligula.« Um zurückzufragen: »Woran dachten Sie denn, Herr Richter?« Professor Quidde wurde später, im Krieg, einer der radikalsten Pazifisten und Gründer der »Deutschen Friedensunion«. Natürlich hatte er bei Caligula an den Zeitgenossen gedacht.

Aus dem Jahre 1907 gibt es eine Erzählung Heinrich Manns mit dem Titel »*Gretchen*«. Er hat sie wohl nicht publiziert, sie fand sich im Nachlaß. Auch hier ein fulminanter Beginn:

82

»Am Sonnabend mittag hatte es Frau Heßling immer noch nicht ihrem Mann beigebracht, daß sich Gretchen an diesem Sonntag verloben sollte. Beim Essen war Diederich endlich guter Laune; von dem Aal, den er allein aß, warf er Gretchen ein Stück über den Tisch zu.«

Das wohlbekannte Milieu des Untertan-Romans. Heinrich Mann hat von 1906 bis 1914 daran gearbeitet. Ein Teildruck konnte noch 1914 in der »Zeit im Bild« veröffentlicht werden. Dann war Krieg. Die Buchausgabe hatte zu unterbleiben. Ende 1918 kam der »Untertan« als Buch zum Vorschein.

Nach der Katastrophe des Zweiten Weltkriegs soll der Emigrant Heinrich Mann in Kalifornien traurig erklärt haben: »Immer wenn Deutschland einen Krieg verliert, wird mein ›Untertan‹ gedruckt…«

»Gretchen« ist eine schlechte Erzählung. Immer wieder überrascht der Schriftsteller Heinrich Mann, ein Leben lang, durch das Alternieren zwischen wahrhaft bedeutenden und leichtfertig hingeschriebenen, unbekümmert publizierten Texten. Freilich war es oft ein Schreiben um Geld, das schuld war an so evidenten Wertunterschieden. Bruder Thomas, erfolgreich auch im materiellen Sinne seit den »Buddenbrooks« und reich verheiratet, durfte sich zurückhalten beim Produzieren.

Die *Erzählung* »*Gretchen*« hingegen scheiterte nicht am raschen Produzieren, denn der Autor erkannte selbst die Schwächen und hielt den Text zurück. »Gretchen« war ein *falscher Ansatz* gewesen, wie sich für den Erzähler herausstellte. Es handelt sich offenbar, was aus dem Text jedoch nicht hervorgeht, um Diederich Heßlings einziges Kind mit seiner Gattin Gustchen. Noch ist hier keine Beziehung hergestellt zur wilhelminischen Umwelt, erst recht nicht zu

S. M. höchstselbst. Eine ziemlich witzlose Karikatur des bürgerlichen deutschen Familienlebens und seiner feigen Prüderie: zahmer als bei Wedekind im »Marquis von Keith«, und viel abstrakter als bei Ludwig Thoma und den Künstlern des »Simplizissimus«. Es kommt hinzu, daß Heinrich Mann unglücklicherweise sein Gretchen samt Familie und Umwelt ins Sächsische verlegt und die deutsche Jungfrau Gretchen ihre Freuden und Sorgen in einem unechten Sächsisch vortragen läßt. Das konnte nicht gelingen.

Der Ansatz war falsch. Zwischen 1906 und 1914 hatten die deutschen Zustände, im Innern wie in der säbelrasselnden sogenannten Außenpolitik, die sich zur Kriegspolitik gewandelt hatte, zur Folgerung geführt, daß ein »Roman des Kaiserreichs«, wie ihn Heinrich Mann früh schon beabsichtigt haben mochte, *nicht unten* ansetzen dürfe. Es mußte ein Roman des Kaisers werden. Dargestellt an seinem Ebenbilde: dem Untertan, der blitzen und bellen konnte wie sein geliebter Monarch.

Ein Vergleich liegt nahe mit *Carl Sternheims* um dieselbe Vorkriegszeit entstehenden Szenen »Aus dem bürgerlichen Heldenleben«. Sternheim beginnt in der Tat in der Kleinbürgerwohnung des Theobald Maske und seiner Untermieter. Der Sohn Christian macht bereits Karriere. Adel und großes Geld. Der Vater freut sich der Lieblosigkeit seines Sprößlings. In dem Stück »1913«, das ebenso eine Vorwegnahme werden sollte wie der »Untertan«, zeigt Sternheim seinen Snob Christian Maske als eine Art Krupp im Zustand der Abdankung: gerade dadurch besonders gefährlich. Sternheim steigt auf zur Spitze der deutschen kaiserlich-imperialistischen Gesellschaft. Heinrich Mann geht von der Spitze aus, um nach unten zu streben und dort die Wahrheit des kaiserlich-deutschen Alltags sichtbar zu machen. Sie heißt Netzig und Diederich Heßling, mitsamt Gustchen und Lohengrin.

Während des Weltkriegs hat Heinrich Mann wohl geplant, zu dem vorerst verbotenen »Untertan« noch zwei Gegenwerke zu schreiben. Da er sich damals, wie bekannt, ausführlich mit dem Leben und Erzählwerk *Émile Zolas* beschäftigte, mochte er sich identifiziert haben mit dem Autor von »Germinal«. Zola hatte einen Romanzyklus entworfen und weitgehend niedergeschrieben über und gegen das verhaßte Kaiserreich des Dritten Napoleon. Nun mußte er bloß noch dessen Katastrophe abwarten, um alles publizieren zu können. Was seit der Schlacht von Sedan möglich wurde. So konnte Zola die französische Katastrophe unter dem Titel »La Débâcle« gleichsam als Schlußfolgerung redigieren.

Was bei Zola gelang, mußte bei Heinrich Mann mißlingen. Er kannte sich nicht wirklich aus bei den deutschen Arbeitern. Ein Buch wie »Germinal« hätte er nicht schreiben können. Sein kaisertreuer Sozialdemokrat Napoleon Fischer ist eine Karikatur. Der erst 1925 abgeschlossene Schlußband jener Trilogie des Kaiserreichs, der unter dem Titel »Der Kopf« die Ränke auf den oberen Etagen der wilhelminischen Gesellschaft beschreiben möchte, bleibt ungenau und sprachlich seltsam fahl.

Heinrich Manns »Roman des Kaiserreichs«: das ist, ganz für sich allein, der »Untertan«. Dies gelang, weil der Autor noch ein *zweites literarisches Moment* nutzbar machen konnte, das ihn abermals von Carl Sternheim unterscheiden mußte. Neben der Blickrichtung von oben nach unten war es die Einbeziehung der deutschen geschichtlichen Kontinuität und auch Diskontinuität.

Carl Sternheim schreibt gleichsam geschichtslos. Es gibt kein Gewordensein seiner Figuren. Sie sind einfach da. Wirkung ohne Ursache. Es kommt hinzu, daß Sternheim, der reiche jüdische Erbe, dem alles fehlt, um in Heßlings Sinne »erstklassig« zu werden, seine bürgerlichen Helden ziemlich ernst nimmt, auch ein bißchen bewundert.

Davor ist Heinrich Mann durch seinen lebenslangen Aristokratismus gefeit. Die Sternheimwelt hatte er bereits vor der Jahrhundertwende in seinem glänzenden Debüt, mit Maupassants Hilfe, in dem Roman »Im Schlaraffenland« durchschaut. Er selbst war kein »Bel Ami« im jüdischen Berliner Westen. Es ging ganz ohne geheime Bewunderung zu. Lieblos wie im »Untertan«.

Der »Untertan« ist angelegt als *Konfrontation zweier Lebensläufe:* eines aufsteigenden und eines absteigenden. Die bewußt allegorisch gehaltene Schlußszene, das Sterben des Alten Buck und seine Teufelsvision in Gestalt seines Überwinders Diederich, soll ausdrücklich diese Antinomie gleichsam als »Lebendes Bild« festhalten, wie man damals zu sagen pflegte. Lebende Bilder waren beliebt im Kaiserreich. Die sentimentalen Postkarten nutzten das aus.

Die Konfrontation der zwei Lebensläufe, die stets überindividuell angelegt sind, gehört zu den Eigentümlichkeiten des deutschen bürgerlichen Romans seit der Renaissance, nämlich seit dem Roman »Der Jungen Knaben Spiegel« (1554) von *Jörg Wickmann.* Der Elsässer, der Protestant geworden war, konfrontiert den untergehenden Junker mit dem erfolgreichen Bürgerjungen.

Konfrontation der (natürlich männlichen!) Lebensläufe in der Epoche aufrichtiger Verehrung eines bürgerlichen Heldentums bei *Gustav Freytag* wie bei *Wilhelm Raabe.* Allein sowohl in »Soll und Haben« wie im »Hungerpastor« handelt es sich um inner-bürgerliche Konfrontationen.

Der deutsche Knabe und der Judenjunge. Anton Wohlfart und Veitel Itzig. Der Hungerpastor Hans Unwirrsch und der erschreckend kluge Moses Freudenstein, der noch dazu, das ist Raabes Kunstgriff, »absteigt«, indem er gesellschaftlich ganz nach oben gelangt.

Heinrich Mann wandelt das Schema, das genau den Wandlungen deutscher Bürgergeschichte entspricht, in doppelter Weise ab. Er konfrontiert Diederichs Aufstieg nicht mit einem Altersgenossen, sondern mit einem Älteren, dem alten Achtundvierziger Buck. Diederich und sein Kaiser haben die Kontinuität der demokratisch-bürgerlichen Entwicklung unterbrochen. Es herrscht unter Wilhelm und Diederich die scheinbare Diskontinuität. Wilhelm hatte, nach Bismarcks Entlassung, bewußt daran gearbeitet, sein »persönliches Regiment«, eine Art des »Königsmechanismus« (Norbert Elias), darauf zu gründen, daß nunmehr alles neu und anders gemacht werden müsse. Wodurch man jegliche gedankliche und politische Bindung an die Traditionen des bürgerlichen Demokratismus als veraltet lächerlich machen wollte. Ein charismatischer Kaiser mit einem verkrüppelten Arm, und auch, wie man heute weiß, mit einem zerebralen Geburtsschaden. Daher die klinische Unrast, Launenhaftigkeit, lieblose Härte und Grausamkeit des Kaisers, die überreich bezeugt worden sind.

Der wilhelminische Deutsche, gleich dem Diederich, sah dergleichen nicht. Ihm hatte Wilhelm verkündet: »Ich führe euch herrlichen Zeiten entgegen!« Man glaubte es ihm.

Später rief einer: »Gebt mir vier Jahre Zeit, und ihr werdet Deutschland nicht wiedererkennen!« In der Tat. Man glaubte es ihm.

Die solide alte Bürgerfamilie Buck in Netzig glaubte nicht daran. Sie nimmt auch jenen Papierfabrikanten Heßling nicht ernst: zu ihrem Schaden. Diederich bleibt Sieger.

Allein es ist ein Sieg, der in die Katastrophe führen wird: ganz wie jene Denkmalsenthüllung für »Wilhelm den Gro-ßen« als Debakel geendet hatte.

Am Schluß des »Untertan« scheint Heinrich Mann einen Freundesgruß an seinen Freund *Frank Wedekind* beabsichtigt zu haben. Am Schluß des »Erdgeist« von Wedekind erblickt der von Lulu angeschossene Dr. Schön plötzlich die Gräfin Geschwitz, Lulus liebende Freundin, ruft »Der Teufel –«, und bricht tot zusammen.

Auch der alte Buck hat am Schluß des Romans eine Vision. »Da erschrak er, als sei er einem Fremden begegnet, der Grauen mitbrachte: erschrak und rang nach Atem. Diederich, ihm gegenüber, machte sich noch strammer, wölbte die schwarzweißrote Schärpe, streckte die Orden vor, und für alle Fälle blitzte er. Der Alte ließ auf einmal den Kopf fallen, tief vornüber fiel er ganz, wie gebrochen. Die Seinen schrien auf. Vom Entsetzen gedämpft rief die Frau des Ältesten: ›Er hat etwas gesehen! Er hat den Teufel gesehen!‹«

(1987)

Thomas Manns »Zauberberg«
als Roman der Weimarer Republik

Der angehende Ingenieur Hans Castorp, also der Held oder eigentlich Nicht-Held eines Romans von 1207 Seiten in der Erstausgabe des Jahres 1924, stammt diesmal aus Hamburg: damit es nicht immer die Hansestadt Lübeck sein muß bei Thomas Mann. Er fuhr, wie bekannt, auf drei Wochen zu Besuch nach Davos, um den lungenkranken Vetter Joachim Ziemßen wiederzusehen, blieb aber magische sieben Jahre im verzauberten Berg. Nicht ein eigener Entschluß treibt ihn zurück ins Freie und in die triviale Existenz dort unten im Flachland. Am Überdruß fehlte es dem Schein-Patienten Castorp gegen das Ende hin ebensowenig wie dem legendären Tannhäuser in seinem Venusberg; trotzdem bricht er nicht, wie der Minnesänger, mit der magischen Umwelt, sondern läßt sich gleichsam durch die Ereignisse in den Alltag zurückschleudern: durch den Kriegsausbruch vom 1. August 1914.

Am Schluß des Romans befinden wir uns, nach dem Willen des Erzählers, mitten im Krieg und in der Materialschlacht. Auf der Seite 1205 des Romans taucht der Soldat Castorp einmal noch auf. Er hat sich auf den Boden geworfen, um dem Feuer zu entgehen. Thomas Mann pflegt es immer genau zu sagen: »Er liegt, das Gesicht im kühlen Kot, die Beine gespreizt, die Fersen gedreht, die Absätze erdwärts.« Doch ist er nicht getroffen. Es geht also weiter. Der Erzähler berichtet noch einmal: »Er macht sich auf, er taumelt hinkend weiter mit erdschweren Füßen, bewußtlos singend:

›Und sei-ne Zweige rau-uschten,
Als rie-fen sie mir zu –‹

Und so, im Getümmel, in dem Regen, der Dämmerung,
kommt er uns aus den Augen.«
Er hat also noch gesungen, ganz zuletzt. Sein Erzähler ver-
mutet, daß es ihn trotzdem später erwischen wird und daß
er nicht davonkommt. Übrigens ist das nunmehr ohne Be-
lang für das epische Riesenwerk, denn Castorps Geschichte,
die weit mehr war als bloß seine Geschichte, ist zu Ende.
Castorp hatte schon gesungen mitten im Trommelfeuer, bevor er sich hinwerfen mußte. Da hatte es geklungen:

»Ich schnitt in seine Rinde
So manches liebe Wort –«.

Das Lied vom Lindenbaum also aus der »Winterreise«. Text
von Wilhelm Müller, Musik von Franz Schubert.
Thomas Mann war stets ein sorgfältig komponierender Erzähler, der sich nicht auf Improvisationen und Abschwei-
fungen verließ. Das Schubert-Lied am Schluß des »Zauberberg« muß also leitmotivische Bedeutung haben. Das ist
leicht festzustellen, denn Castorp singt, mitten im Toben
der Feldschlacht, ein episches Zitat: Erinnerung und Bekenntnis in einem. Da gab es das seit Erscheinen des »Zauberberg« sogleich berühmt gewordene Schallplatten-Kapi-
tel mit der Überschrift »Fülle des Wohllauts«. Spöttische
Kritiker des Romanhelden fanden bald heraus, daß Castorp,
seit die Direktion des Sanatoriums Berghof ein Grammophon für die Patienten anschaffen ließ samt Schallplatten,
zum ersten Mal in seinem hiesigen Leben so etwas wie Tätigkeit ausübte, wenn auch beileibe keine Arbeit. Castorp
hatte sich selbst zum Bediener des Grammophons gemacht;

er allein pflegte die Platten aufzulegen. Seine geheime und ungern einbekannte Lieblingsplatte war das Lied vom Lindenbaum. Der allwissende Erzähler, der sich selbst im Vorspruch einen »raunenden Beschwörer des Imperfekts« genannt hatte, kann berichten, warum Castorps Sympathie für Schubert und Wilhelm Müller und den Lindenbaum ein bißchen tabuisiert werden mußte. »Welches war diese dahinter stehende Welt, die seiner Gewissensahnung zufolge eine Welt verbotener Liebe sein mußte?
Es war der Tod.«
Als dies nun ausgesprochen ist, noch dazu als ein eigener Absatz, bestehend aus vier Worten, spielt der Erzähler zunächst den Entrüsteten und Beschwichtiger. Das sei doch heller Wahnsinn, ein wunderbares Lied, »geboren aus letzten und heiligsten Tiefen des Volksgemüts«. Dann aber muß es herausgesagt werden, der Erzähler plaudert aus, was Castorp verschweigen möchte. Er weiß es, und Castorp weiß es auch: »Es mochte seinem eigenen ursprünglichen Wesen nach nicht Sympathie mit dem Tode, sondern etwas sehr Volkstümlich-Lebensvolles sein, aber die geistige Sympathie damit war Sympathie mit dem Tode…«
Die Konfrontation der beiden Erwähnungen des Liedes vom Lindenbaum – mitten im Frieden und im Zauberberg und kulinarisch entgegengenommen als Fülle des Wohllauts, dann als heiserer Gesang inmitten eines allgemeinen Sterbens und Tötens – führt unmittelbar zum Grundthema des Romans: zum Konflikt zwischen dem Lebenswillen eines einzelnen und seiner Gesellschaft – und der Todessüchtigkeit. »Sympathie mit dem Tode«, das war eine Formel, die Thomas Mann während des Ersten Weltkriegs, um 1915 vermutlich, als Wortprägung des Musikers Hans Pfitzner zum ersten Mal gehört hatte. Damals ging es um Pfitzners

pessimistische Künstleroper »Palestrina«, der Thomas Mann in seinen »Betrachtungen eines Unpolitischen« von 1918 eine tief sympathetische Deutung zukommen ließ. Sympathetisch schon dadurch, daß sowohl bei Pfitzner und seinem Palestrina wie bei Thomas Mann die Philosophie Arthur Schopenhauers umging: als Absage an allen Schein des Weltwillens, an den Schleier der Maja. Weshalb die Absage an den Weltwillen, verstanden als Lebensgier und Beharren auf der eigenen Identität, überwunden werden müsse. Das hatte Schopenhauer zu lehren versucht. Geh an der Welt vorüber, es ist nichts.

Hans Pfitzner, als Schüler Arthur Schopenhauers, hatte nicht geleugnet, daß diese pessimistische Philosophie eine Sympathie bedeute mit dem Tode, und daß sie ein deutsches Erbteil sei unserer Romantischen Schule. Wiederzufinden ebenso bei Novalis wie bei Eichendorff und Clemens Brentano. Und natürlich bei Wilhelm Müller wie bei Franz Schubert. Allein die Konfrontation der beiden Zitate vom Lindenbaum hat in Thomas Manns Roman ausdrücklich *nicht* die Form einer erinnernden Wiederholung, also eines Leitmotivs im Sinne Richard Wagners, des Schopenhauerianers. Das Lied vom Lindenbaum am Schluß des »Zauberberg« bedeutet eine *Zurücknahme* des frühen Erlebnisses vor dem Grammophon und mitten im verzauberten Berg. Diesmal ist Castorp befreit von allem magischen Zauber. Er lebt im Krieg und kämpft um das Überleben. Sympathie mit dem Tode mitten im Trommelfeuer? Der schauderhafte Kontrast zwischen einer sterbensmüden Musik und der mechanisch bewirkten Massentöterei einer Materialschlacht muß demnach als Absage Thomas Manns sowohl an die romantische Todesphilosophie verstanden werden wie an Hans Pfitzner und seinen »Palestrina«. Eine Absage Thomas

Manns zugleich an den Thomas Mann der »Betrachtungen eines Unpolitischen«.

Der »Zauberberg« ist, um abermals einen Ausdruck zu verwenden, den Thomas Mann in seinem letzten großen Roman, einer Fortsetzung und Antithese zum »Zauberberg«, zu verwenden liebte, nämlich im »Doktor Faustus«, eine »Zurücknahme« in mancherlei Gestalt. Zurücknahme einstiger Sympathie mit dem Tode und der ästhetischen Dekadenz. Zurücknahme des Weltkriegsbekenntnisses zu einem angeblich unpolitischen Deutschtum im Gegensatz zu allem politischen Denken der westlichen und bürgerlichen Demokratien. Zurücknahme schließlich des ursprünglichen literarischen Konzeptes für ein Erzählwerk, das als halb satirische Novelle gedacht war, als ein grimassierendes und schnödes Nachwort gleichsam zum »Tod in Venedig«, um schließlich, mit mehr als 1200 Seiten einer erzählenden Prosa, alle anderen Arbeitsprojekte des Autors zu verdrängen: als ein sonderbares Gemisch aus den Gattungen des Bildungsromans und des Zeitromans. Zweideutig in jeder Beziehung. Der Dr. Krokowski im verzauberten Berg, der seinen Freud gelesen hat und in Vorträgen vor den Patienten zelebriert, hätte von Ambivalenz gesprochen.

Allein diese, paradox gesprochen, gleichsam »totale Ambivalenz« des Romans, worin das Todesprinzip im Kampf liegt mit der Libido, der Bürger mit der bürgerlichen Welt, der Nachkriegs-Erzähler Thomas Mann mit dem gleichnamigen Autor einer Vorkriegs- und Kriegszeit, hat bewirkt, daß die Leser des »Zauberberg« seit dem Jahre 1924, und auch heute noch, zu schroff gegensätzlichen Urteilen gelangen mußten. Gewiß, der »Zauberberg« ist weltberühmt. Man kennt »The Magic Mountain«, »La Montagne Magique«, »La Montagna Incantata« usw. Aber den vielen Le-

93

sern, die das Buch für Thomas Manns bedeutendste Leistung halten, steht die eindrucksvolle Minderheit derer gegenüber, die es rundheraus ablehnt. Das mochte sogar halbkomische Auswirkungen haben, denn als Thomas Mann im Jahre 1929 in Stockholm den Nobelpreis für Literatur erhielt, lobte die Verleihungsurkunde ausdrücklich das Frühwerk mit den »Buddenbrooks«; vom »Zauberberg« war in der Laudatio mit keinem Wort die Rede. Der junge Zeitungsschreiber Bertolt Brecht hatte noch im Jahre 1920 mit großer Aufmerksamkeit in Augsburg über eine Lesung aus dem noch unvollendeten »Zauberberg« referiert. Nach Erscheinen des Romans konnte er nicht enden mit Worten des Hohns. Er schrieb auf den Zauberberg eine Zusatzstrophe für die »Dreigroschenoper«. Mit dem Refrain: »Nur wer im Wohlstand lebt, lebt angenehm.« Darin wurde Thomas Manns Roman als Lieblingsfutter empfohlen für Imperialisten.

Literarisch folgenreich wurde die Ablehnung des »Zauberberg« bei *Robert Musil*. Irgendwann einmal sollte ein Germanist die Frage untersuchen, ob man nicht den »Mann ohne Eigenschaften« als Gegenentwurf zum »Zauberberg« interpretieren dürfe. Daß er weit mehr und anderes ist, wird niemand leugnen. Allein eine Art der »Parallel-Aktion« Robert Musils gegen Thomas Mann ist er wohl auch.

Jenseits aller persönlichen Rivalität Robert Musils mit Thomas Mann verrät dieser Gegenentwurf, daß der Verfasser des »Mann ohne Eigenschaften« das Thema des »Zauberberg« für ebenso verfehlt hielt wie dessen Ausarbeitung. Auch hier, bei Robert Musil, ein durchaus negatives Minderheitsvotum gegenüber dem Mehrheitsentscheid für Thomas Mann und seinen »Zauberberg«.

Daran hat sich wenig geändert: dem Weltruhm Thomas Manns und seines »Zauberberg« zum Trotz. Noch im Jahre

1974 wurde der Versuch eines Totalverrisses unternommen. Er stammte – Thomas Mann hätte vermutlich geschrieben: »von keinem Geringeren als« – *Martin Walser*. Da ergießt sich Ironie über Ironie. Walsers Überschrift läßt es bereits ahnen: »Ironie als höchstes Lebensmittel oder: Lebensmittel der Höchsten«. Man hält immer noch bei der Argumentation von Brecht und beim Refrain »Nur wer im Wohlstand lebt, lebt angenehm«. Beweis: der »Zauberberg« von Thomas Mann.

Brecht hatte dem Autor des »Zauberberg« vorgeworfen, nicht etwa einen Roman der Dekadenz geschrieben zu haben, sondern einen dekadenten Roman. Wobei er sich, in der Polemik, eines Dekadenzbegriffs bediente, den er sonst ablehnte, weil der bekämpfte Gegenspieler Georg Lukács damit operierte und zum Beispiel Kafka für die Dekadenz reklamierte, Thomas Mann jedoch für den gepriesenen Realismus.

Martin Walser ist ein Anti-Lukács in weit stärkerem Maße. Zwar kann er sich nicht genugtun im Spott über Thomas Manns Spiel mit simplen Entgegensetzungen, etwa von Recht und Macht, Freiheit und Tyrannei, Humanismus contra Mittelalter undsoweiter, die angeblich konkretisiert seien in den Kunstfiguren des Romans, vor allem natürlich in Settembrini und Leo Naphta. Er selbst aber, Martin Walser, spielt gleichfalls ein Spiel (oder Gegenspiel) der Entgegensetzungen. Indem Walser den »Zauberberg« fertigmachen möchte, übrigens auch als Erzählwerk und Sprachwerk, will er den *Goetheaner* Thomas Mann treffen, und in ihm Goethe. Walsers Entgegensetzungen waren von jeher: Hölderlin und Jean Paul gegen Goethe; Kafka gegen Thomas Mann. Daraus wird kein Hehl gemacht, im Gegenteil. Walser formuliert in seiner Zauberberg-Analyse bereits vorwegnehmend: vom »Zauberberg« zu »Lotte in Weimar«, und zwar so: »So entwickelte sich der Autor des ›Sorgenkindes‹ Castorp zum Darsteller des ›Vorzugskindes‹ Goethe in Literatur und Gesellschaft. Was durch Hitler diesem Goethe-Darsteller noch abverlangt wurde, störte vorübergehend das Programm. Aber nur vorübergehend.«

Welches Programm? Das bourgeoise natürlich. Oder genauer: das gut bürgerliche, im Gegensatz zur neureichen Bourgeoisie. Walser formuliert: es sei die »Versüßung des Arbeitsethos durch den Würdenweg«. Und weiter: »So löst er in der Mitte des Lebens, auf der Höhe seines Wegs, sein Vitalitätsproblem auf mit Hilfe einer bürgerlichen Kontorethik.« Daraus zieht der Kritiker unmittelbar politische Folgerungen. Er formuliert sehr genau: »Diese Staatssekretär-Meißner-Haltung ist gutbürgerlich. Ob ein Kaiser die Exekutive besorgt oder ein Kleinbürger, sie waren nicht dabei, sondern haben melancholisch geseufzt.«

Hier bindet auch Martin Walser vom Jahrgang 1927 den »Zauberberg« unmittelbar an die Geschichte und Gesellschaftsstruktur der Republik von Weimar, ganz wie der damalige Zeitgenosse Brecht. Mit dem Unterschied freilich, daß Brecht – im Zeichen der »Dreigroschenoper« und von »Mahagonny« – den Autor des Romans vom bürgerlichen Sanatorium einfach unter die Imperialisten warf, während Walser die Relation von Autor und Roman zum deutschbürgerlichen Mittelstand, zum unpolitischen, melancholisch resignierenden Kleinbürgertum hervorzuheben sucht.

Man wird das böse Wort von der »Staatssekretär-Meißner-Haltung« erläutern müssen. Otto Meißner (1880-1953) veröffentlichte im Jahre 1950 ein Erinnerungsbuch, dessen Titel bereits alles vorwegnimmt: »Staatssekretär unter Ebert,

Hindenburg, Hitler«. So ist es gewesen. Er leitete seit 1920 das Büro des Reichspräsidenten, seit 1923 als Staatssekretär, und war von 1934 bis 1945 Chef der Präsidialkanzlei des Führers und Reichskanzlers Adolf Hitler. Daß Meißner mithalf am 30. Januar 1933, ist unbestritten. Im Nürnberger Prozeß gegen die Diplomaten wurde er angeklagt, aber freigesprochen. Meißner mag geseufzt haben über den Sattlermeister Ebert, den altersschwachen Feldmarschall, erst recht über den von der Vorsehung eingesetzten charismatischen Führer: mitgemacht hat er allemal. Eben dies weiß und meint Martin Walser, wenn er den Verfasser des »Zauberberg« als einen Staatssekretär Meißner des Literaturbetriebs tituliert: nicht allein in der Weimarer Ära, wie man begreifen soll, sondern schlechthin...

Die Invektive ist ernst zu nehmen. Sie hat sich angelegt nicht bloß mit einem Roman und Romancier, sondern mit der deutsch-bürgerlichen Misere. Überdies ist die Polemik gut gearbeitet. Der Tübinger Germanist und Dr. phil. aus Friedrich Beißners Schule kennt und zitiert die Primär- wie die Sekundärliteratur. Trotzdem unterläuft ihm ein Kunstfehler im Eifer der Diatribe. Friedrich Beißner hätte den folgenden Satz seines Schülers scharf gerügt: »Der Roman erzählt, je länger er dauert, desto weniger von Castorp und desto mehr von Thomas Mann.« Nicht allein hier vermischt Martin Walser die epischen Texte und die Aussagen von Kunstfiguren mit Aussagen ihres Verfassers. Es wird auch der geschichtliche Prozeß, der den »Zauberberg« und sein Entstehen sowohl ermöglichte wie bisweilen verhinderte, nicht eigentlich analysiert. Walser ›springt‹ in der Argumentation und glaubt dort Unlogik zu entdecken, wo sich im Roman, in durchaus widersprüchlicher Gestalt, die Geschehnisse und auch die subjektiven Erfahrungen des Erzählers in den zwölf Arbeitsjahren von 1912 bis 1924 niedergeschlagen haben. Walser hat mich zwar gelobt, weil ich an Thomas Manns angebliche Alternative zwischen Repräsentation und Märtyrertum nicht glauben wollte, wirft mir aber spöttisch »Nachgiebigkeit« vor, weil ich die Debatten zwischen Settembrini und Naphta sowohl ernst nahm wie auch als dialektische Auseinandersetzung ansehen wollte. Wie sehr sie aber in der Tat als reale Dialektik und nicht, wie Walser behauptet, als Spiel mit Antithesen (rechte Rubrik – linke Rubrik) anzusehen ist, zeigt *ein Rückblick auf die Entstehungsgeschichte des Romans und auf seine Entstehungszeit*. Im selben Band, der Walsers Studie enthält, steht auch eine Zauberberg-Analyse des amerikanischen Germanisten J. T. Reed unter dem Titel »Zeitenwandel und Bedeutungswandel 1912-1924«. Das ist es. Wer diesen historischen Prozeß ignoriert, wird vor dem »Zauberberg« zu Fehlurteilen kommen. Um so mehr, als heute Thomas Manns Tagebücher aus den Jahren 1918-1921, die er aus irgendwelchen Gründen damals in Kalifornien nicht verbrannte, die Endredaktion des Romans in überraschender Weise verstehbar machen.

Im Anfang, nach Vollendung des »Tod in Venedig«, war an eine kleine, weitgehend satirische Erzählung gedacht, gleichsam ein episches Satyrspiel zur Todesgeschichte Gustav von Aschenbachs. Dort die romantische Szenerie, die säkularisierte Künstlerreligion aus dem 19. Jahrhundert, der Ephebe als Hermes Psychopompos, als Illustration zu der Art, »wie die Alten den Tod gebildet«. Hier das Sterben als Geschäft, die perfekte schweizerische Mischung aus Hygiene, Betreuung und Rechenkunst. Venedig wurde gesehen mit den Augen des moribunden Künstlers. Davos und das Sanatorium Berghof mitsamt seinen begüterten Dauergä-

sten wird mit den Augen eines bürgerlichen Erzählers ange-
schaut, der Einwände nur zu machen hat im Detail. Deshalb
kann die Mittelpunktgestalt kein »Held« sein im romantischen Verstande. Eher ein Durchschnittstyp wie bei Flaubert oder Turgenjew und Tschechow. Einfach ein netter
junger Mensch mit der besondern Neigung, sich Gedanken
zu machen über Leben und Tod.

Mehr hat – zunächst – der Besucher Hans Castorp nicht ein-
zubringen. Er ist kein Künstler, bloß ein »Bürger mit einer
feuchten Stelle« auf der Lunge, wie Madame Chauchat konstatiert: seine Geliebte einer einzigen Nacht. Die Russin übrigens ist seit Beginn der Romanarbeit als Figur vorhanden.
Das berühmte Gespräch, das Castorp, unter Zuhilfenahme
seines Schulfranzösisch, mit ihr im Fasching führt und das
den ersten Romanteil abschließt, wurde schon im Jahre 1913
entworfen. Dennoch blieb es damals beim Projekt einer
Novelle. Das Hauptgeschäft war immer noch der Hochstapler Felix Krull: ein attraktiver Panerotiker, dessen Geschichte den Erzähler weit mehr anzog als das Reiseaben-
teuer des jungen und bläßlichen Hanseaten Castorp.

Mit Krull hatte man überdies *Nietzsche* und dessen Apho-
rismus aus dem Buch »Menschliches, Allzumenschliches«:
»Es führt zu wesentlichen Erkenntnissen, wenn man den
Künstler einmal als Betrüger faßt.« Das ließ sich der Erzähler Thomas Mann von jeher gesagt sein. Diesmal wollte er
die Umkehrung wagen: den Betrüger als Künstler. Darum
war Krull als Hauptgeschäft deklariert, die Castorp-Ge-
schichte bloß als Einschaltung und Ergänzung zum »Tod in
Venedig«.

Es ist anders gekommen, wie bekannt. Der Krull blieb
schließlich unvollendet: als einziges Werk dieses Autors.
Der »Zauberberg« entfaltete sich zu immer neuen Aspekten

und Dimensionen. Alle Illusionen, Selbsttäuschungen und Enttäuschungen Thomas Manns im Krieg und Nachkrieg, beim Anblick von Revolutionen und Gegenrevolutionen, sind hier wiederzufinden. Doch nicht als Spiel mit formalen Entgegensetzungen, sondern als stetige Wandlung des Grundentwurfs. Im Jahre 1947 hielt Thomas Mann, nach Vollendung des »Doktor Faustus«, in Zürich einen Vortrag über »Nietzsches Philosophie im Lichte unserer Erfahrung«. Nämlich unserer Erfahrung mit einer angeblichen Politik des »Willens zur Macht«, des Übermenschen und der »blonden Bestie«. Auch der »Zauberberg« entstand »im Lichte unserer Erfahrung«.

Wie und ob es nach dem Kriegsende von 1918 überhaupt noch weitergehen könne mit dem Zauberberg-Projekt, darüber hat zuerst, bereits im Jahre 1942, der älteste Sohn *Klaus Mann* in seiner Autobiographie »Der Wendepunkt« genau berichtet. Beide Projekte seien verlockend gewesen, der Hochstapler Felix Krull ebenso wie »eine kleine Novelle, die in der dünnen Luft eines Schweizer Lungenkurortes spielte und sich mit den delikaten Zusammenhängen zwischen Tod und Liebe, Tuberkulose und Sensualität befaßte...« Das Material lag bereit, denn es gab die Briefe von Katia Mann aus ihrer Sanatoriumszeit in Davos und im Jahre 1912. Dort hatte sie Thomas Mann am 15. Mai 1912 besucht. Wie üblich hat er alles genau betrachtet und für sich notiert. Übrigens war auch in seinem Falle von der Leitung des Sanatoriums versucht worden, einen leichten Katarrh des Besuchers als Lungengefährdung zu präsentieren und einen längeren Aufenthalt anzuempfehlen. Allein Thomas Mann war kein Hans Castorp.

Übrigens hat sich mittlerweile herausgestellt, daß es vermutlich sogar im Falle von Katia Mann, die mit fast 97 Jahren starb, eine eklatante Fehldiagnose gegeben hat. Ihr freilich verdanken wir einen der großen Romane der modernen Weltliteratur.

Thomas Mann entschied sich trotzdem nicht für eines der beiden Hauptprojekte, sondern schrieb zunächst einmal über den Familienhund Bauschan. Es ist die Geschichte von »Herr und Hund«.

Der tiefere Grund für die Unlust sowohl an der Hochstaplergeschichte wie am novellistischen Gegenstück zum »Tod in Venedig« entsprang den Zeitverhältnissen. Der Erzähler Thomas Mann, der in einem tieferen Sinne viel politischer reagierte als der aggressive Kulturkritiker dieses Namens, spürte genau, daß Kriegsausgang und Nachkriegszeit die beiden Projekte ihres ursprünglichen Sinns beraubt hatten. Noch im September 1918 wollte das Tagebuch vermuten, man könne den »Zauberberg« im alten Sinne weiterschreiben: »Die Todesromantik plus Lebensja im Zauberberg, den Protestantismus des Hochstaplers«. Nach der Revolution und ersten Tendenzen einer Gegenrevolution scheint sich alles ganz trostlos auszunehmen. Künstlerromantik, unpolitisches Bürgertum, Novalis und Wilhelm Meister? Da war der Hund Bauschan weitaus realer.

In Wirklichkeit zeigte es sich just am Ablauf der Ereignisse zwischen 1918 und 1921, daß bloß die ursprüngliche Verbindung des Zauberberg-Projektes mit dem »Tod in Venedig«, also die spezifische Künstler/Bürger-Problematik, unzeitgemäß geworden war. Dafür entdeckte Thomas Mann als Tagebuchschreiber und Betrachter der Zeitereignisse immer von neuem die Aktualität, sogar Dringlichkeit des Themas, wenn man die Positionen von 1912 teilweise aufgab und gleichsam »modernisierte«. Hans Castorp sollte ursprünglich, das erfahren wir jetzt aus dem Tagebuch, zwischen zwei Mentoren gestellt werden, die beide »nicht die Rechten« waren. Der eine von Anfang an gedacht als Stilisierung des Bruders Heinrich. Settembrini als Zivilisationsliterat und westlicher Aufklärer. *Als Gegenspieler dazu hatte sich Thomas Mann einen protestantischen »Pastor Bunge« ausgedacht: vermutlich von hanseatischem Typus.* Aber war Pastor Bunge wirklich so ergiebig? Die protestantische Verantwortungsethik gegenüber dem Literatentypus Settembrini/Heinrich wurde schon durch Vetter Joachim repräsentiert, ein bißchen auch durch Castorp selbst. Wie also? Die *Räterepublik* gibt die Lösung und damit die Möglichkeit zur Weiterarbeit. Am 17. April 1919 weiß das Tagebuch: »Unterdessen bedenke ich den Zbg., den wieder in Angriff zu nehmen jetzt wirklich erst der Zeitpunkt gekommen ist. Im Kriege war es zu früh, ich mußte aufhören. Der Krieg mußte erst als Anfang der Revolution deutlich werden, sein Ausgang nicht nur da sein, sondern auch als Schein-Ausgang erkannt sein. Der Konflikt von Reaktion (Mittelalter-Freundlichkeit) und humanistischer Aufklärung durchaus historisch-vorkriegerisch. Die Synthese scheint in der (kommunistischen) Zukunft zu liegen.«

Noch wird Pastor Bunge weiter auf der Besetzungsliste geführt. Allein der Weg geht in Richtung des »asketischen Gottesstaates«, den Thomas Mann »beständig der kommunistischen Weltkultur der Zukunft analog« empfindet.

Plötzlich ist die Hellsicht wieder da, nach so viel Stochern im ideologischen Nebel. Der böse Blick des Erzählers hilft weiter. Am 24. April 1919 wird notiert: »Wahrhaftig, es wird unter dieser Tyrannei eine neue Freiheit, eine neue Wahrheitsliebe und Gerechtigkeit geben, weil es zunächst aus sein wird mit alldem. Das proletarische Dogma, das politische Kriterium wird herrschen. Merkwürdiger Irrtum, daß jetzt die Freiheit ausgebrochen sei. Im Gegenteil, die Freiheit war das Ideal der ›bürgerlichen‹ Epoche.«

Mit dieser Entscheidung aber sind *zwei Schwierigkeiten* für den Fortgang der Arbeit aufgetaucht. Pastor Bunge kann diese Gegenposition zu Settembrini unmöglich leisten. Sein Reich ist weder die klassenlose Gesellschaft noch der asketische Gottesstaat. Auch die Geschichte mit Madame Chauchat bereitet Sorgen. Im Tagebuch wird abgewogen: Wird es zu einer Liebesnacht kommen zwischen ihr und Castorp? Wird sie überhaupt wieder in den Zauberberg zurückkehren, und wann oder unter welchen Umständen?

Am 31. Dezember 1921, wo – leider, leider – die Tagebuchaufzeichnungen abbrechen, ist noch keine Lösung in Sicht. Was Settembrinis Gegenspieler ideologisch zu repräsentieren hat, weiß man als Erzähler nun viel besser. Doch *wie sieht er aus,* dieser Antagonist? Im Jahre 1922 trifft Thomas Mann in Wien zum ersten Mal mit dem seit langem als Essayist und Thomas-Mann-Interpret hochgeschätzten *Georg Lukács* zusammen, der als ungarischer Flüchtling in Wien lebt und bedroht ist von der Gefahr einer Auslieferung an das gegenrevolutionäre Ungarn. Ein Mann von »ätzender Häßlichkeit«, wie Thomas Mann den Typ später mehrfach beschreiben sollte. Der Denker Lukács hat beileibe nichts zu tun mit den Gedankengängen des kleinen Naphta im Roman, doch die Wiener Begegnung von 1922 führte offenbar zur Entpflichtung des Pastors Bunge und zum Engagement des kleinen Naphta, der im Roman ziemlich spät und mit der verlegenen Überschrift »Noch jemand« vorgestellt wird.

Ein Jahr später kann auch Klarheit gewonnen werden über die Umstände einer Rückkehr der Madame Chauchat. In einem Brief Thomas Manns an Gerhart Hauptmann vom

11. April 1925 ist rekonstruiert worden, was wir – leider, leider – dem Tagebuch nicht mehr entnehmen können. »Ich habe mich an Ihnen versündigt. Ich war in Not, wurde in Versuchung geführt und gab ihr nach. Die Not war künstlerisch: ich trachtete nach einer Figur, die notwendig und kompositionell längst vorgesehen war, die ich aber nicht sah, nicht hörte, nicht besaß. Unruhig, besorgt und ratlos kam ich nach Bozen – und dort, beim Wein, bot sich mir an, unwissentlich, was ich, menschlich-persönlich gesehen, nie und nimmer hätte annehmen dürfen...«

Das Ergebnis kennt alle Welt. Noch jemand war im Roman aufgetreten, mit ihm kehrte Madame Chauchat zurück. Ein Holländer namens Mynheer Peeperkorn. Geschaffen nach dem Ebenbild des in Südtirol trinkenden und schwadronierenden Zunftkollegen *Gerhart Hauptmann*. Peeperkorn oder Die Persönlichkeit. Der charismatische Menschenfänger, neben dem die Suada Settembrinis wie Naphtas wesenlos wird.

Nun ist das Personal vollständig beisammen. Der »Zauberberg« kann zu Ende geschrieben werden.

Daß sich eine jede Interpretation des »Zauberberg« mit dem historischen Ablauf eines Struktur- und Bedeutungswandels in jenen zwölf Arbeitsjahren auseinandersetzen muß, zeigt die nur scheinbar paradoxe Tatsache, daß man – durchaus zu Recht – den Roman als *Roman der Weimarer Republik* charakterisieren darf, obwohl die eigentliche Geschichte beim Kriegsausbruch von 1914 abbricht und nur noch, gleichsam in einer abschiednehmenden Vision, den Hans Castorp einen Augenblick auf dem Schlachtfeld photographiert.

Geplant war Gleichzeitigkeit, als es noch galt, ein Gegenstück zum »Tod in Venedig« zu schreiben. Das Prinzip der

Gleichzeitigkeit wurde beibehalten auch beim vollendeten Roman im Jahre 1924: dies ist ein Zeitroman vom Kriegs- ende und Nachkrieg, weit weniger ein ursprünglich geplan- ter Bildungsroman der Goethe-Nachfolge. Freilich hat man die Geschehnisse bewußt zurückdatiert in die Vorkriegs- welt.

Auch hier verblüfft die Parallel-Aktion bei Robert Musil. In allen Phasen seiner Arbeit am »Mann ohne Eigenschaften« war der Romanschluß von Musil stets als Fixpunkt gedacht. Der Roman sollte enden mit dem Kriegsausbruch von 1914. Auch hier wurde eine – scheinbare – Vorkriegsgeschichte erzählt von einem, der sich im Nachkrieg auskannte.

Eben diese Haltung wird auch von Thomas Mann einge- nommen, als er sich im Jahre 1919 entschloß, wie heute fest- stehen dürfte, den »Zauberberg« neu zu schreiben: unter Verwendung der bereits entworfenen Stücke, doch nach neuem Konzept und mit einem neuen formalen Aufbau. Dadurch mußten einige der ursprünglich vorgesehenen Fi- guren »umfunktioniert« werden. Das scheint besonders für Madame Chauchat zu gelten. Mit ihr hat die Sekundärlitera- tur, die sich gierig auf Naphta und Peeperkorn stürzte, we- nig anfangen können. Gemeint sei »die russische Seele« und so. Vielleicht hatte Thomas Mann ursprünglich eine Figur aus der eigenen, sympathetischen Beziehung zu Dosto- jewski und Turgenjew und Tschechow formen wollen: eine Romangestalt als konkretisierte Lektüre. Dann aber kam das Jahr 1917. Im Speisesaal des »Berghof« gibt es bekannt- lich *den schlechten und den guten Russentisch,* und die Chauchat sitzt am guten, wie es sich versteht. Daß Castorp gegen das Romanende hin, wenn alles sich auflöst (Joachim ist tot und Peeperkorn, Clawdia abgereist, der Freund Set- tembrini kann sich den »Berghof« nicht leisten und wohnt irgendwo in Davos-Dorf), nun seinerseits am schlechten Russentisch sitzt, das dürfte nicht überlesen werden. Allerdings auch die schlechten Russen im »Zauberberg« sind krank: in jeglichem Sinne.

Die *Umstrukturierung des Romankonzepts* aber hatte, neben der Neufassung einiger Kunstfiguren und der Notwendigkeit, neue Gestalten einzuführen, die wichtige Folge, daß nunmehr, da die unmittelbare Gleichzeitigkeit wegfiel und durch eine *zurückdatierte Gleichzeitigkeit* ersetzt werden mußte, das *Problem der Zeit* selbst ins Romangeschehen einbezogen wurde. Man hat viel spekuliert über Thomas Manns Beziehungen zu Proust und Bergson. Nichts davon ist haltbar. Noch im Jahre 1920 notiert Thomas Mann im Tagebuch, die Schriftstellerin Annette Kolb habe ihm begeistert von einem französischen Autor gesprochen, »der Proust oder so ähnlich heißen soll«. Das fällt also weg.

Hingegen findet sich Thomas Mann in seinen Spekulationen zum Zeitvergang wieder, wie in den Jugendjahren und in Gesellschaft von Thomas Buddenbrook, bei Arthur Schopenhauer. Hinzu kommt ein neues Bildungserlebnis, das durchaus der Nachkriegszeit angehört und durch den Kriegsablauf determiniert wurde. In jenem letzten Kriegsjahr 1918, ungefähr gleichzeitig mit den »Betrachtungen eines Unpolitischen« von Thomas Mann, war »Der Untergang des Abendlandes« von *Oswald Spengler* erschienen, einem nahezu unbekannten Autor. Von der Wirkung des Buches kann man sich heute kaum mehr eine Vorstellung machen. Ich habe die beiden dicken weißen, grobgedruckten Bände als Kind in jedem bürgerlichen Wohnzimmer entdeckt, wohin ich in Begleitung der Eltern gehen durfte. Man sprach davon allenthalben und unablässig.

Das war und ist keineswegs zum Lachen, wenngleich

Spengler heute vergessen scheint, was seine jähe Wiederkehr durchaus nicht ausschließt. Noch in *Theodor W. Adornos Essay* über *»Spengler nach dem Untergang«*, geschrieben in Amerika, heißt es dazu, mit allen Akzenten des Respekts: »Um dem Zauberkreis der Spenglerschen Morphologie zu entrinnen, genügt es nicht, die Barbarei zu diffamieren und auf die Gesundheit der Kultur sich zu verlassen – eine Vertrauensseligkeit, in deren Angesicht Spengler hohnlachen würde. Vielmehr ist das Element der Barbarei an der Kultur selbst zu durchdringen. Nur solche Gedanken haben eine Chance, das Spenglersche Verdikt zu überleben, welche die Idee der Kultur nicht weniger herausfordern als die Wirklichkeit der Barbarei.«

Im »Zauberberg« geht Spengler in doppelter Gestalt um: einmal durch sein Totalverdikt gegen die abendländische Gesellschaft. Ihm entspricht bei Thomas Mann die Riesenmetapher einer moribunden bürgerlichen Gesellschaft im komfortablen Sanatorium, wo man nicht geheilt werden kann, sondern sterben soll und zumeist auch will. Die andere, nicht minder nachhaltige Wirkung Spenglers scheint darin zu liegen, daß das Personenregister des Romans erweitert werden mußte.

Dr. Leo Naphta, ein osteuropäischer Jude, der zum Katholizismus konvertierte und dem Jesuitenorden beitrat, wird spät erst im Roman vorgestellt: genau auf der Seite 626: in einem Kapitel mit der sonderbaren Überschrift »Noch jemand«. Das klingt verlegen. Da erscheint jemand, den man sich nicht herbeigesehnt hat. Doch war eben dieser Jemand nicht zu umgehen seit der Neukonzeption des Buches. Pastor Bunge als Gegenspieler des Klassizisten und Nationalisten und Repräsentanten einer säkularisierten Wissenschaftsreligion, also des Lodovico Settembrini: das ergab

kein Streitgespräch. Im Zeichen eines deutschen Nach-
kriegsexpressionismus, von gescheiterter Revolution wie
Gegenrevolution, war Pastor Bunge kaum mehr brauchbar.
Da mußte ein stärkerer Antagonist gefunden werden. Eben
der Noch jemand Leo Naphta.

Daß Naphta ein wenig »aussehen« sollte wie Georg Lukács,
darf angenommen werden. Die Gedankenwelt jedoch des
ungarischen Marxisten ist bei Naphta nicht wiederzufinden.
Bereits Naphtas Freude an expressiver Gotik, inspiriert ersichtlich durch die Kunsttheorien *Wilhelm Worringers* über
Abstraktion und Einfühlung, kontrastiert mit dem anti-ex-
pressionistischen und klassizistischen Credo von Georg
Lukács. Die widerspruchsvolle Doktrin, zu welcher sich
Naphta scharfzüngig und boshaft gegenüber dem freund-
lich-umgänglichen Settembrini bekennt, ist eine ideologi-
sche Montage. Dennoch ist Naphta durchaus nicht, wie
Walser meint, das Produkt von allzuviel Lektüre. Im Gegenteil repräsentiert er deutsche Wirklichkeit der zwanziger
Jahre: man konnte damals vielen kleinen Naphtas begegnen.
Die Tagebücher vor allem des Jahres 1919, während der Rä-
teherrschaft in München, machen evident, daß Thomas
Mann bei der Begegnung mit expressionistischer Literatur
und Revolution nach der Natur arbeiten konnte und nicht
auf Bücher angewiesen blieb. Der Haß gegen den Umgang
von Bruder Heinrich Mann mag mitgeholfen haben.

Naphtas Sterben, sehr im Gegensatz zum Sterben des braven Joachim, ist lieblos beschrieben. Ein Disput war vorauf-
gegangen, wobei Naphta, um den Aufklärer zu reizen, ein
zweideutiges Lob des Terrorismus verkündete. Daraus
wurde ein absurder Ehrenhandel zwischen zwei Literaten.
Naphta sucht offensichtlich den Tod durch die Hand des
Gegners. Der schießt, wie zu erwarten, in die Luft. »›Feig-

ling!‹, schrie Naphta... hob seine Pistole auf eine Weise, die nichts mehr mit Kampf zu tun hatte, und schoß sich in den Kopf... Er taumelte oder stürzte, während die Berge mit dem scharfen Lärm seiner Untat Fangball spielten, ein paar Schritte rückwärts, indem er die Beine nach vorn warf, beschrieb mit dem ganzen Körper eine schleudernde Rechtsdrehung und fiel mit dem Gesicht in den Schnee... Sie sahen in ein Gesicht, das man am besten mit dem seidenen Schnupftuch bedeckte...«

Man vermag unschwer zu rekonstruieren, was Naphta gelesen hat und in sich aufnahm. Wohlgemerkt: Naphta, und nicht Thomas Mann. Spengler natürlich (ohne Rücksicht auf die Chronologie!) und die »Formprobleme der Gotik« von Worringer; expressionistische und sozialistische Traktate aus der Zeit der Münchener Räterepublik; Untersuchungen Max Schelers über Sinn und Würde des Leidens; sicher auch den »Geist der Utopie« von Ernst Bloch, obwohl dessen Name in den bis 1921 reichenden Tagebüchern noch nicht vorkommt. Naphtas geistige Nähe zu einem Buchtitel wie »Thomas Münzer als Theologe der Revolution« von *Ernst Bloch* ist evident. Das hat nichts mit geistiger Abhängigkeit zu tun, sondern mit einem geistigen Klima der Zeit.

Settembrinis atheistische und soziologische Glaubensbücher wirken dagegen veraltet und langweilig: das spürt auch Castorp, bei aller Sympathie für den noblen und menschenfreundlichen Italiener. Reformen und exakt meßbare Tatbestände; Veränderung durch Verstehen. Die dicken Bände einer geplanten »Soziologie des Leidens« werden das Leiden schrittweise beseitigen. Es ist ein bißchen wie beim Homunculus im Faust II, den der Professor Wagner erschafft, freilich unter Nachhilfe des Teufels. Eine großartige Leistung des menschlichen Geistes, doch mit unberechenbarer Wirkung. Optimisten sind selten attraktiv: diese Erfahrung macht Castorp in Gesellschaft eines Aufklärers, der krank ist wie seine Lehre. Wirkungsvoller ist Naphtas Credo des Gehorsams und bedingungslosen Glaubens; Verachtung von Fortschritt und Menschenfreundlichkeit; Ästhetisierung des Bösen. Wer solche Debatten zwischen den beiden Gestalten, die zueinander gleichzeitig Freund sind und Feind, wie Martin Walser als Kästchenspiel abtun möchte, hat sich keine Gedanken gemacht über die Weimarer Republik und ihren Untergang.

Weil sich der ursprüngliche Bildungsroman immer deutlicher zum Zeitroman umgestaltet hat, muß »noch jemand« auftreten, woran Thomas Mann vermutlich nicht vor dem Jahr 1922 gedacht haben mochte. Als Pieter Peeperkorn, wie der Erzähler fast verschämt zugibt, »zu elfter Stunde« in der Geschichte auftritt, auf der Seite 923, wird angemerkt, auch hier hätte die Kapitelanzeige lauten können: »Noch jemand«. Sogleich jedoch wird der geneigte Leser beruhigt. Niemand möge besorgt sein, »daß hier abermals ein Veranstalter geistiger und pädagogischer Konfusion auf den Plan tritt. Nein, Mynheer Peeperkorn war keineswegs ein Mann, logische Verwirrung in die Welt zu tragen.«

Sein Auftreten wird erzählerisch bedingt durch die Rückkehr der Madame Chauchat. Mit ihr kommt er in den »Berghof«. Sie ist nach wie vor tuberkulös, ihr Freund leidet, als holländischer Kolonialmagnat, an Tropenkrankheiten und einem Absinken der Vitalität, das schließlich den Freitod veranlaßt. Trotzdem ist damit die Funktion der Figur nicht erfaßt. Castorps Verhalten gegenüber der russischen Madame wirkt nun wie bare Verlegenheit. Sie stört jetzt den freundschaftlichen Umgang mit dem weitaus wichtigeren Holländer, den Castorp als »Majestät« anredet und entsprechend hofiert. Was also ist Peeperkorn, den sein Autor nach dem Ebenbild – immerhin – eines Gerhart Hauptmann erschuf? Übrigens mit größter Ähnlichkeit.

Martin Walser hält den Holländer für eine durchaus mißglückte Figur. Im Roman selbst ist Settembrini entsetzt über die von Peeperkorn ausgehende Faszination. Der sei doch nur »ein dummer alter Mann«. Vielleicht muß man unterscheiden zwischen dem, was Thomas Mann vorschwebte mit dieser Figur, und den epischen Konturen, die er dem Holländer zu geben vermochte.

Peeperkorn wird zwischen 1922 und 1924 konzipiert: als das meiste bereits niedergeschrieben ist. Allein da waren *neue historische Erfahrungen* zu verarbeiten. Eine neue Wirklichkeit in der kranken bürgerlichen Nachkriegsgesellschaft ließ sich nicht reduzieren auf die Antithese Settembrini-Naphta. Die Analyse der Kommunistischen Internationale in Moskau sprach von einem »Ersten Zyklus der Kriege und Revolutionen«. Die politische Landkarte des Abendlandes verzeichnete damals ein Militärregime unter Marschall Mannerheim in Finnland; ein ebensolches unter Marschall Pilsudski in Warschau; ein ebensolches unter dem Admiral Horthy als Statthalter der Habsburger in Ungarn; Mussolini auf dem Balkon des Palazzo Venezia, als Duce rhythmisch bejubelt; ein Prälat als einflußreichster Politiker in Wien; ein General als Erneuerer der im Krieg zusammen mit dem Deutschen Reich besiegten Türkei: Kemal Atatürk. Noch lebt Lenin, doch der Generalsekretär der Bolschewiki heißt bereits Stalin.

Max Weber, den Thomas Mann vor dem Tode des Soziologen in München (am 14. Juni 1920) bisweilen sah, hatte drei Formen der Herrschaft idealtypisch herausgearbeitet: die rationale Herrschaftsform des Rechtsstaates; die tradierte Herrschaft von Familien und konventionellen Herrschaftsgruppen; endlich ein Phänomen, dem Weber die Bezeichnung einer »charismatischen Herrschaft« gab. Da wirkt ein Mensch durch das Sosein, nicht durch Leistung; er hat kein »Verdienst«, außer dem einer Faszinationskraft; man gibt ihm und ist dankbar, wenn er nimmt.

Was damals auftrat im verwirrten Nachkriegseuropa, ist bekannt: auch in seinen Wirkungen. Es hat bis heute unser politisches Leben, auch unter tradierten und rationalen Herrschaftsformen, determiniert. Gelernt wurde mittlerweile, daß man charismatische Führer auch »machen« und also »aufbauen« kann.

Als Thomas Mann seinen Mynheer Peeperkorn erfand, erlebte man erst die Anfänge charismatischer Politik: es gab im Deutschen Reich und unter der rasenden Geldentwertung zahlreiche Anwärter auf das Charisma. Es kam hinzu, daß sich offenbar niemand für diese neue Republik von Weimar emotional erwärmen mochte. Im Frühjahr 1922 kommt der einstige kaiserliche Reichskanzler *Bernhard Fürst Bülow* nach Berlin und trifft sich im Hotel Bristol mit dem Reichsaußenminister *Walther Rathenau*. Der zeigt hinunter auf die Straße Unter den Linden und sagt etwa, wie Bülow später, nach Ermordung Rathenaus am 24. Juni dieses Jahres 1922, berichtet hat: Wenn er, Rathenau, sich nun auf die Straße stelle, um laut ein Hoch auszubringen auf Kaiser und Reich, so werde er zwar verhaftet, genieße aber die allgemeine Sympathie. »Wenn ich aber schrei: ›Hoch die Republik!‹, so lacht alles. Die Republik hat bei uns in Deutschland etwas Spießbürgerliches, etwas fast Lächerliches.«

Es war eine Zeit der Irrationalismen und von Heilslehren aller Art. Georg Lukács hat davon später unter dem Titel einer »Zerstörung der Vernunft« gesprochen. *Auch Peeperkorn ist eine charismatische Persönlichkeit,* wenigstens als solche gedacht. Freilich war es wohl vom Erzähler nicht gutgetan, den Charismatiker gleichsam »an sich« vorzuführen: ohne die Möglichkeit, ihn auf irgendeine Masse wirken zu lassen. Das war im Berghof nicht möglich. Die charismatische Führergestalt braucht Quantitäten und offene Gesellschaftsformen, um sich durchzusetzen. Thomas Mann kann ihm bloß diesen einen Castorp bieten. Das reicht nicht aus, den vom Erzähler geplanten Typus zu evozieren.

Trotzdem erlaubt das Zusammen- und Gegenspiel dieser Ziemßen und Settembrini, Naphta und Peeperkorn, den »Zauberberg« als Roman der Weimarer Republik zu lesen. Als ein Buch vom Jahre 1924, worin auch bereits das Jahr 1933 als Vorschein umgeht. Castorp im Weltkrieg: das kontrastiert die romantische Nostalgie mit einer höchst unromantischen Hinmordetechnik. Die Geschichte Hans Castorps bewies, daß man von den Pädagogen des »Zauberberg« nichts lernen konnte und daß sie alle krank waren: die Lehrer wie die Zöglinge. Hat der politisch-unpolitische Autor Thomas Mann wirklich genau verstanden, was da in zwölf Arbeitsjahren entstanden war? Die Frage muß ohne Antwort bleiben.

(1976)

Hermann Hesses »Steppenwolf«

Ein Buch der Lebenskrise, der Künstlerkrise, der Gesellschaftskrise. Erst wenn diese unlösliche Verbindung von dichterischer Selbstaussage und Kulturkritik erkannt wurde, sind Mißverständnisse oder Fehlurteile zu vermeiden. Nicht alles in diesem Buch hat dem Zeitablauf widerstanden; das würde am wenigsten vom Dichter abgestritten werden. Dem Schriftsteller Hermann Hesse würde es im magischen Theater und unter Mozarts strengem Blick gehen wie den Herren Johannes Brahms und Richard Wagner, deren Sühne im Jenseits darin bestand, »einen gewaltigen Zug von einigen zehntausend schwarz gekleideten Männern« anzuführen. Es waren aber »die schwarzen Tausende alle die Spieler jener Stimmen und Noten, welche nach göttlichem Urteil in ihren Partituren überflüssig gewesen wären«. Dem Verfasser des »Steppenwolf« wäre es nicht anders ergangen, denn Harry Haller selbst, der Steppenwolf, muß von Mozart, der hier genauso redet wie in seinen Briefen an die Base in Augsburg, folgendes Urteil über seine Literatur entgegennehmen:
»Gott befohlen, der Teufel wird dich holen, verhauen und versohlen für dein Schreiben und Kohlen, hast ja alles zusammengestohlen.«
Ob Mozart mit diesem Verdikt über das Schreiben Harry Hallers recht hat, kann man nicht sagen; als Urteil über Hesse würde man es nicht anerkennen dürfen, aber ein bißchen Wahres wäre, hält man sich an den Steppenwolf-Roman, schon darin. Das Pathos mancher Partien verlor an Überzeugungskraft. Die erotischen Szenen des Buches mögen ihre Bedeutung gehabt haben im Selbstbefreiungspro-

zeß des etwa fünfzigjährigen Künstlers und Mannes Hermann Hesse um das Jahr 1927, wirken heute aber – nicht bloß, weil der Leser moderner Romanliteratur inzwischen schärfere Kost gewohnt ist – einigermaßen pennälerhaft. Übrigens mutet die Darstellung geschlechtlicher Vorgänge merkwürdig unsinnlich an. Es ist eigentlich stilisierte Erotik. Auch die Kulturkritik – für sich genommen – wirkt an vielen Stellen sonderbar zahm. In seiner Darstellung des feuilletonistischen Zeitalters im »Glasperlenspiel« hat Hesse ungefähr fünfzehn Jahre nach der Geschichte des Steppenwolfs Harry Haller die früheren Themen viel umfassender behandelt.

Jeder dieser drei Bereiche also, die krisenhafte Selbstaussage, die Künstlerproblematik, die Kulturkritik, krankt an offenkundigen Schwächen der Gestaltung und Durchführung. Durch ihre ungewöhnliche Verknüpfung aber entstand ein nach wie vor höchst merkwürdiges Buch.

Daß die Gestalt des Steppenwolfs Harry Haller, der die Initialen seines Verfassers trägt, von Hesse viel autobiographische Substanz mitbekam, ist bekannt und wäre auch dann beim Lesen spürbar, wenn man die lebensgeschichtlichen Einzelheiten nicht wüßte. Daß Hermann Hesse um das fünfzigste Lebensjahr, zur Zeit also, da der »Steppenwolf« entstand, eine schwere Lebens- und Schaffenskrise durchmachte, ist heute durch die Veröffentlichung von Gedichten, Briefen, autobiographischen Aussagen genugsam bezeugt. Der Gedichtband »Krisis«, der als lyrische Selbstaussage in die unmittelbare Nähe des Steppenwolf-Romans gehört, wirkt nicht bloß als ein merkwürdiges lyrisches Dokument, worin die Bemühung um Zertrümmerung aller glatten und erbaulichen Lyrismen gelegentlich fast zum Dilettantismus, oft aber auch zu wahrhaft kühnen Phantasien führte, sondern gleichzeitig als ein Krankheitsjournal, das über eine Fülle körperlicher und seelischer Leiden zu berichten hat. Manche der steppenwölfischen Situationen des Romans wird man als Nacherzählung autobiographischer Vorgänge betrachten können. Daß einige erotische Partien des Buches sowohl als Nachgestaltung von Erlebtem wie als Widerspiegelung psychoanalytischer Studien zu verstehen sind, ist gleichfalls unverkennbar. An diesen Stellen erweist sich die damalige Kühnheit nicht selten als etwas komisch anmutende Mode von gestern. Es ist alles da: Verbindung von Libido und Todestrieb, Ambivalenz der geschlechtlichen Impulse, Kindheitserotik und Verwandlung des Jugendfreundes Hermann in die ersehnte und ideale Partnerin Hermine. Wobei noch hinzukommt, daß Hermine und Hermann (Hallers Jugendfreund trägt den Vornamen Hermann) nun wieder auf den Vornamen des Dichters Hesse zurückweisen, womit Sigmund Freuds Bemerkungen über die Gestalt des griechischen Knaben Narzissus zum Romanbestandteil werden. Am Ende könnte ein versierter Psychoanalytiker die Bindung zwischen Harry Haller, der die Initialen Hermann Hesses trägt, und Hermine-Hermann als ausschließlichen Vorgang der Autoerotik bezeichnen. Wodurch auch erklärt würde, warum die scheinbar so »gewagten« Szenen des Geschlechtlichen so sonderbar unsinnig und vergeistigt wirken. Hier trägt das Buch sicherlich die damals modischen, heute jedoch belustigend wirkenden Kleider der zwanziger Jahre.

Aber Hermann Hesse wußte schon damals, daß es so kommen würde. Er schrieb ein Buch der seelischen Reinigung als weiteres »Bruchstück einer großen Konfession«, um Goethes Ausdruck zu gebrauchen, wozu der psychoanalytische Apparat des »Steppenwolf« ebenso gehört wie vorher der gleichfalls psychoanalytische und philosophisch-gnostische Requisitenfundus des »Demian«; allein er ahnte gleichzeitig, daß diese für ihn so wichtigen Aktualitäten und modischen Äußerlichkeiten sehr bald als künstlerische Schwächen zutage treten würden. Am Beispiel von Brahms und Wagner wird dieser Vorgang von Mozart bei seiner Belehrung des Steppenwolfs formuliert: »Es ist der Instanzenweg. Erst wenn Sie die Schuld Ihrer Zeit abgetragen haben, wird sich zeigen, ob noch so viel Persönliches übrig ist, daß sich eine Abrechnung darüber lohnt.« Was im Falle Hesses und seines Romans aus der Krisenzeit des Jahres 1927 heißen soll: die autobiographischen Züge, die Harry Haller vom Verfasser mitbekam, und auch seine erotischen Wege und Irrwege, gehören zu dem, was Mozart an den Partituren von Brahms und Wagner als zu dicke Instrumentierung und unnötige Materialvergeudung bemängelt.

Hesse mußte diese Schwerfälligkeiten und Requisiten eines nicht mehr magischen Theaters in Kauf nehmen, um ein Romanwerk zu schaffen, das auch nach Abzug solcher modischen Details noch so viel Persönlichkeitswert behielt, »daß sich eine Abrechnung darüber lohnt«.

Sie lohnt sich nämlich im Falle des Steppenwolf-Romans. Nach wie vor. Goethe, Mozart, das magische Theater: man erkennt, daß die Klärung im Liebesleben Harry Hallers und in seinem Verhalten zur Umwelt, das sich aus einer Attitüde von gleichzeitiger Unterwürfigkeit und Rüpelei zu humorvoller Gelassenheit wandelt, als Darstellung und Lösung einer echten *Künstlerproblematik* verstanden werden muß. Gemeint ist von Hesse gar nicht so sehr der Zwiespalt zwischen dem Steppenwolf und seiner bürgerlichen Umwelt, wie das Auseinanderfallen des Kulturideals, zu dem sich Harry Haller bekennt, und der Formen des Kulturbetriebs wie der allgemeinen Politik, die er um sich her entdecken muß. Dieser Zwiespalt aber zwischen dem künstlerischen Wertempfinden des Steppenwolfs, das durch Händel und Mozart und den wirklichen, nicht den mißverstandenen Goethe bestimmt wurde, und dem Treiben seiner Zeitgenossen hat zu einer fast unerträglich schmerzhaften Entfremdung geführt. Hermine macht es ihrem Freunde und Liebesschüler Haller deutlich: »Du hattest ein Bild vom Leben in dir, einen Glauben, eine Forderung, du warst zu Taten, Leiden und Opfern bereit – und dann merktest du allmählich, daß die Welt gar keine Taten und Opfer und dergleichen von dir verlangt, daß das Leben keine heroische Dichtung ist, mit Heldenrollen und dergleichen, sondern eine bürgerliche gute Stube, wo man mit Essen und Trinken, Kaffee und Strickstrumpf, Tarockspiel und Radiomusik vollkommen zufrieden ist. Und wer das andere will und in sich hat, das Heldenhafte und Schöne, die Verehrung der großen Dichter oder die Verehrung der Heiligen, der ist ein Narr und ein Ritter Don Quichotte.« Diesen Kontrast zwischen seinem durch große Tradition bestimmten Künstlertum und der kulinarischen Ära eines kulturhaften Warenhausbetriebes hat Hesse eigentlich seit Ende des Ersten Weltkriegs immer wieder mit tiefer Sorge gestaltet. Zwei Jahre vor dem »Steppenwolf« (1925) hieß es ganz ähnlich in der Vorrede zu dem Buch »Kurgast«:

»Ich mache mir nichts daraus, die Majorität gegen mich zu haben, ich gebe eher ihr unrecht als mir. Damit halte ich es wie mit meinem Urteil über die großen deutschen Dichter, welche ich darum nicht minder verehre, liebe und brauche, weil die große Mehrzahl der lebenden Deutschen das Gegenteil tut und die Raketen den Sternen vorzieht. Raketen sind hübsch, Raketen sind entzückend, sie sollen hochleben! Aber Sterne! aber ein Auge und Gedanke voll ihrer stillen Lichter, voll ihrer weitschwingenden Weltmusik – o Freunde, das ist doch noch anders!« Im selben Jahr 1925 hatte Hesse übrigens auch einen »Kurzgefaßten Lebenslauf« veröffentlicht, worin »nach Jean Pauls Vorbild das Wagnis einer die Zukunft vorwegnehmenden ›Konjekturalbiographie‹ versucht wurde«. Das bezaubernde Prosastück begann mit den Worten: »Ich wurde geboren gegen das Ende der Neuzeit, kurz vor der beginnenden Wiederkehr des Mittelalters.« Der konjekturale Lebenslauf aber gipfelte in dem Satz: »Ohne Magie war diese Welt nicht zu ertragen.« Welche Welt? Die Epoche des Jahres 1927, die Hesse als äußerste Diskrepanz zu seinem gesamten Fühlen und Werten empfinden mußte. Wobei im »Steppenwolf« sehr genau zwischen konservativem Vorurteil des Steppenwolfs Haller gegen seine Zeit und berechtigter Gesellschaftskritik unterschieden wird. Haller muß lernen, daß die Antithese nicht darauf hinauslaufen kann, für Mozart und gegen Jazz zu sein, für das traditionelle Kammerorchester und gegen Saxophone. Die echte Kulturkritik hat nicht die Form eines Lobes der guten alten Zeit anzunehmen. Das lernt der Steppenwolf beim Musiker Pablo. Bleiben die wirklichen Gegensätze zwischen dem Künstlerideal Hallers wie Hesses und der Gesellschaft, in der sie leben und Kunst schaffen sollen. Was gemeint ist, zeigt die grandiose Vision der »Hochjagd auf Automobile«, die ein Bestandteil des magischen Theaters bildet: »Auf den Straßen jagten Automobile, zum Teil gepanzerte, und machten Jagd auf die Fußgänger, überfuhren sie zu Brei, drückten sie an den Mauern der Häuser zuschanden. Ich begriff sofort: es war der Kampf zwischen Menschen und Maschinen, lang vorbereitet, lang erwartet, lang gefürchtet, nun endlich zum Ausbruch gekommen. Überall lagen Tote und Zerfetzte herum, überall auch zerschmissene, verbogene, halb verbrannte Automobile, über dem wüsten Durcheinander kreisen Flugzeuge, und auch auf sie wurde von vielen Dächern und Fenstern aus mit Büchsen und mit Maschinengewehren geschossen.« Gewiß gibt es Züge der Anarchie und des Maschinenstürmertums in dieser Vision, aber Härte der Sprache und Gewalt der Bilder, die schließlich in der Darstellung eines modernen Wolfsmenschentums gipfeln, geben solchen Szenen eine erschreckende Gültigkeit. Dies hier gehört zum Beständigen des Romans, nicht zu den überflüssigen Noten, die später gebüßt werden müssen. Man ahnt übrigens vor diesen Visionen, die durchaus in die Nachbarschaft Picassos und seiner Behandlung des Kriegs- und des Minotaurosthemas gehören, daß Hesse auch der Form nach schon damals alles andere als ein sanfter Epigone und später Nachromantiker war, sondern ein leidenschaftlicher, ebenso erbitterter wie verzweifelter Künstler seiner Zeit.

Der »Steppenwolf« ist außerdem und sogar vor allem ein deutsches Buch. Oder eher: ein Romanwerk der *Kritik an deutschen Zuständen*. Dem angeblich so freundlichen und kultivierten Abendbrotgast Harry Haller erzählt der deutsch-nationale Professor, sein Gastgeber, Haller besitze offenbar einen recht üblen Namensvetter, einen vaterlandslosen Gesellen: »...er habe sich über den Kaiser lustig gemacht und sich zu der Ansicht bekannt, daß sein Vaterland am Entstehen des Krieges um nichts minder schuldig sei als die feindlichen Länder. Was das für ein Kerl sein müsse! Na, hier kriege der Bursche es gesagt, die Redaktion habe diesen Schädling recht schneidig erledigt und an den Pranger gestellt.« Er selbst aber, der geschätzte Gast, war bedauerlicherweise identisch mit diesem unwürdigen Individuum.

Das Thema klingt immer wieder auf. Einmal zitiert Hesse auch das Rezitativ aus dem Schlußsatz der »Neunten Symphonie«. »O Freunde, nicht diese Töne!« Es war die Überschrift zu seinem berühmten Aufsatz, der am 3. November 1914 in der »Neuen Zürcher Zeitung« erschienen war: als Absage an die damaligen Ekstasen der Nationalisten und Chauvinisten. Erbitterung über die Haßausbrüche, die Hesse damals in Deutschland und von Deutschen zu spüren bekam, ist im »Steppenwolf« immer wieder deutlich. An all diesen Stellen spricht Harry Haller durchaus im Namen seines Autors. Nicht nur der Kulturkritiker, sondern der Künstler Hesse erblickt in diesem deutschen Treiben von Nationalismus und bourgeoisem Bildungshochmut eine eklatante Gefahr. Auch die Entwicklung der Literatur wird dadurch bedroht: »Da stand nun wieder solch ein Angriff, schlecht geschrieben, halb vom Redakteur selbst verfaßt, halb aus den vielen ähnlichen Aufsätzen der ihm nahestehenden Presse zusammengestohlen. Niemand schreibt bekanntlich so schlecht wie der Verteidiger alternder Ideologien, niemand treibt sein Handwerk mit weniger Sauberkeit und Mühewaltung.« Damit steht der »Steppenwolf« gleichfalls wieder in einer Tradition, derjenigen nämlich bedeutender deutscher Selbstkritik. Auch hier ist Hesse alles andere als ein mild lächelnder Neuromantiker. Man mag über die künstlerischen Proportionen streiten, aber im geistigen Habitus stellt sich das Buch in seiner Bemühung um Kritik an unwürdigen deutschen Zuständen durchaus in die Überlieferung des »Hyperion«, des »Wintermärchens«, des »Untertan«. Dieser sonderbare Roman vom Jahre 1927 war nicht bloß eine Niederschrift zum Zweck der seelischen Katharsis, sondern ein Buch der Warnung. Immer wieder fällt das Wort vom neuen Krieg, der vorbereitet wird, weshalb Hermann Hesse fast zwanzig Jahre später, im Jahre 1946, in traurigem Rückblick feststellen muß, daß der »Steppenwolf« doch »unter anderem ein angstvoller Warnruf vor dem morgigen Krieg war« und darum von der damaligen deutschen bürgerlichen Öffentlichkeit und Presse »entsprechend geschulmeistert und belächelt wurde«.

Sehr merkwürdig übrigens, daß Hermann Hesse im »Steppenwolf«, der genau zwanzig Jahre vor dem »Doktor Faustus« erschien, ganz ähnliche Gedanken über das Verhältnis der Deutschen zur Musik und ihr durch Musik gestörtes Verhältnis zur Wirklichkeit äußert. Auf dem Tiefpunkt seiner schwermütigen Stimmung, da er mit der Selbstmordidee ernstlicher zu spielen scheint als gewohnt, konstatiert der Steppenwolf Haller: »Lange hatte ich auf diesem Nachtgang auch über mein merkwürdiges Verhältnis zur Musik nachgedacht und hatte, einmal wieder, dies ebenso rührende wie fatale Verhältnis zur Musik als das Schicksal der ganzen deutschen Geistigkeit erkannt. Im deutschen Geist herrscht das Mutterrecht, die Naturgebundenheit in Form einer Hegemonie der Musik, wie sie nie ein andres Volk gekannt hat. Wir Geistigen, statt uns mannhaft dagegen zu wehren und dem Geist, dem Logos, dem Wort Gehorsam zu leisten und Gehör zu verschaffen, träumen alle von einer Sprache ohne Worte, welche das Unaussprechliche sagt, das Ungestaltbare darstellt. Statt sein Instrument möglichst treu und redlich zu spielen, hat der geistige Deutsche stets gegen das Wort und gegen die Vernunft frondiert und mit der Musik geliebäugelt. Und in der Musik, in wunderbaren seligen Tongebilden, in wunderbaren holden Gefühlen und Stimmungen, welche nie zur Verwirklichung gedrängt wurden, hat der deutsche Geist sich ausgeschwelgt und die Mehrzahl seiner tatsächlichen Aufgaben versäumt.« Die viel zu allgemein gehaltene und dadurch unscharf wirkende Feststellung über »die Deutschen« wurde sogleich aber modifiziert und spezifiziert. »Wir Geistigen«, schreibt Harry Haller und stellt fest, es handle sich dabei um eine Spezies, die in Deutschland ein gestörtes Verhältnis zur Wirklichkeit besitze und darum noch nie vermocht habe, die Wirklichkeit durch ihre Gedanken entscheidend zu verändern. Solche Aktion der Geistigen sei auch nicht möglich, da die Gedanken deutscher Intellektueller selbst dort, wo gar keine Partituren ausgeschrieben wurden, insgeheim musikalische Gedanken waren. Versuchte trotzdem einer, etwa wie Heinrich Mann und etwa nach einem schweren Kriege und einer großen Niederlage, die Einheit von Geist und Macht herzustellen, so kam es zu bloßer Kläglichkeit.

Der Steppenwolf Haller nennt nicht den Namen Heinrich Mann, meint aber solche Bestrebungen einer Erneuerung des deutschen Lebens nach dem Ersten Weltkrieg und meint damit auch Bemühungen des Schriftstellers Hermann Hesse um das Jahr 1920. Das Resultat? »Es endete aber immer mit der Resignation, mit der Ergebung ins Verhängnis. Die Herren Generäle und Schwerindustriellen hatten ganz recht: es war nichts los mit uns ›Geistigen‹, wir waren eine entbehrliche, wirklichkeitsfremde, verantwortungslose Gesellschaft von geistreichen Schwätzern.« Vieles von solcher Meditation aus dem Jahre 1927 wurde im »Doktor Faustus« von 1947 in einem Romanwerk gestaltet, das gleichfalls genötigt war, die komplexen Beziehungen zwischen autobiographischer Substanz, Künstlerproblematik und Gesellschaftskrise mit einer höchst eigentümlichen epischen Form zu verbinden. In seinem Tagebuch über »Die Entstehung des Doktor Faustus« hatte Thomas Mann gleich zu Beginn seiner Arbeit notiert, es sei ein Fehler Goethes gewesen, den

Doktor Faust als Professor und Mann der Wissenschaft zu präsentieren, nicht aber als Musiker. Er selbst suchte den angeblichen Fehler zu korrigieren. Im Untertitel bereits war vom »deutschen Musiker« die Rede, was für Thomas Mann eine Art Tautologie darstellte, denn im Wort Deutsch war die Musik schon mitenthalten. Im »Steppenwolf« geht es nicht viel anders zu. Auch hier wird die Musikalität der deutschen Geistigkeit als gestörtes Verhältnis zur Realität dargestellt.

Um so erstaunlicher freilich, daß die scheinbare Lösung der Lebens- und Geisteskrise Harry Hallers trotzdem gerade in einer noch folgerichtigeren Trennung von Geist und Wirklichkeit erblickt werden soll. Die Hilfe der Unsterblichen im Daseinskonflikt des Steppenwolfs, die von Goethe und Mozart vermittelte Lehre führt offensichtlich dahin, von nun an magisches Theater der Kunst und trübes Daseinstreiben streng voneinander zu trennen. Die schwerste Anklage, die der Staatsanwalt in Mozarts Gegenwart gegen Haller zu erheben hat, lautet: »Meine Herren, vor Ihnen steht Harry Haller, angeklagt und schuldig befunden des mutwilligen Mißbrauchs unsres magischen Theaters. Haller hat nicht nur die hohe Kunst beleidigt, indem er unsern schönen Bildersaal mit der sogenannten Wirklichkeit verwechselte und ein gespiegeltes Mädchen mit einem gespiegelten Messer totgestochen hat, er hat sich außerdem unsres Theaters humorloserweise als einer Selbstmordmechanik zu bedienen die Absicht gezeigt.« Wer so gehandelt hat, muß sich das schreckliche Gelächter der Unsterblichen gefallen lassen.

Freilich scheinen diese Unsterblichen, und ausgerechnet Mozart an ihrer Spitze, überzeugte Schopenhauerianer zu sein, denen im Erlebnis großer Kunst die Trübnis des Weltwillens für Momente verlorengeht. Daß Hermann Hesse immer wieder den Kontrast zwischen den ebenso raren wie beglückenden Gültigkeitserlebnissen durch Kunst und der Alltäglichkeit des Daseins gestaltet hat, ist unverkennbar. Schon in der kurzen Einleitungserzählung des Herausgebers von Harry Hallers zurückgelassenen Schriften wird ein Augenblick der Beglückung dargestellt, den der Steppenwolf im Konzert beim Anhören von Barockmusik erlebt. Haller selbst berichtet den gleichen Vorgang später noch einmal. Das magische Theater soll schließlich dahin belehren, Wirklichkeit und Spiel der unsterblichen Magie sorgsam voneinander zu trennen. Daß Hesse selbst die Lösung nicht als endgültig empfand, vielleicht gar nicht einmal als seine eigene Deutung und Lösung des Falles Harry Haller angesehen wissen wollte, bewies er fünf Jahre nach dem »Steppenwolf« in dem Buch »Die Morgenlandfahrt« (1932), das abermals von der Grenzverwischung zwischen Wirklichkeit und Imagination handelte. Hier traten als Morgenlandfahrer die erfundenen Gestalten der Dichter neben Menschen des 20. Jahrhunderts. Kein Zweifel: die Lehren Pablos und Mozarts waren nicht als Rezept gegen Daseinsnöte zu betrachten. Ein so genauer Kenner der deutschen Romantik wie Hermann Hesse besaß in dieser Hinsicht – wie immer Schopenhauer darüber denken mochte – keine Illusionen, denn bereits im »Goldenen Topf« von E. T. A. Hoffmann war gezeigt worden, daß das Leben in Atlantis, also in der Welt unsterblicher Poesie, alle Misere eines Alltags in Dresden nur für Augenblicke auszulöschen vermag. Der Steppenwolf Harry Haller konnte sich also kein anderes Schicksal erhoffen als der Student Anselmus und der Kapellmeister Kreisler. Im Gegenteil: in der Welt des 20. Jahrhunderts und im Zwischenbereich zwischen dem soeben zu Ende gegangenen und dem von gewissen Kreisen gerade vorbereiteten Weltkrieg mußte die Trennung von Wirklichkeit und magischem Theater nur zur Verschärfung der Krise beitragen. Hielt sich Harry Haller wirklich an die Lehren Mozarts und Pablos, so half er mit, neue und noch schwerere Krisen für künftige Steppenwölfe vorzubereiten.

Daß Hermann Hesse seinen Roman durchaus in dieser offenen Form angelegt hat, man sich folglich hüten sollte, die Schlußseiten des Buches als dessen ›Lösung‹ zu betrachten, zeigt der »Tractat vom Steppenwolf«. In der Erstausgabe des Buches war dieses ungewöhnliche und kühne Prosastück nicht bloß durch besondere Drucktypen kenntlich gemacht worden, sondern fand sich durch hellgelbe Titel- und Schlußblätter als richtiges kleines Groschenheftchen ins Buch verpflanzt. Der unsinnige Gegensatz der Drucktypen bei den Worten Tractat und Steppenwolf ließ ebenso wie die albernen Arabesken den Eindruck des Jahrmarkts, der Moritat, des Traktätchens aufkommen. Um so verblüffender freilich mußte der Gegensatz zwischen der äußeren Jahrmarktsform und der kühlen, wissenschaftlich höchst versierten Steppenwolf-Analyse anmuten. Ganz freilich war der Traktätchengeist nicht aus dem Text der Analyse verbannt worden. Das ahnte man schon bei den ersten Worten des »Tractats vom Steppenwolf«, denn sie eröffneten zwar eine psychologische und soziologische Untersuchung, worin Leben und Krise und Tod zur bloßen wissenschaftlichen Thematik zusammenschrumpften, hatten sich aber sonderbarerweise die Formel des herkömmlichen *Märchenbeginns* dafür ausgesucht. »Es war einmal einer namens Harry, genannt der Steppenwolf.« Es war einmal. Märchenbeginn und wissenschaftliche Interpretation. Abermals – wie so häufig bei Hesse – die Gleichzeitigkeit von Wissenschaft und Spiel mit der Wissenschaft. Traktat im Sinne Spinozas *und* Traktat im Sinne der Traktätchen.

Auch bei der Lektüre des »Tractats vom Steppenwolf« ist Vorsicht geboten. Nicht bloß, weil er »Nur für Verrückte« gedacht sein soll, was man im Sinne von ver-rückt verstehen sollte. Wichtiger ist die Erkenntnis, daß man die Lösung des Falles Harry Haller weder einseitig im Traktat noch in der Schlußszene des magischen Theaters erblicken darf. Beide stehen zueinander im Widerspruch, und sollen das auch. Übrigens steht auch der Traktat im Widerspruch zu Hallers eigenen Aufzeichnungen und nicht zuletzt zu seinem Gedicht vom Steppenwolf. Beide verhalten sich durchaus nicht zueinander wie die subjektive zur objektiven Seite des Falles. Der Traktat scheint sich zwar auf die Objektivität seiner Analyse viel einzubilden, gibt aber kaum eine Deutung der Angelegenheit, die es, nach Lektüre des Traktats, dem Leser erlauben würde, den Fall Harry Haller nun zu klassifizieren. Wem soll man glauben? Den Unsterblichen, die im Sinne Schopenhauers und der Gnostik die Trennung von Wirklichkeit und magischem Theater betont hatten – oder dem Traktat, der diese gleichen Gedanken bloß als paradoxe Dokumente der Geistesgeschichte ansieht? Harry Haller besitzt stark romantische Züge in seinem Streben zur Rückkehr ›nach Hause‹, in die Kindheit, in frühere Formen seines Daseins. Durch das magische Theater wird er sogar noch darin bestärkt. Der »Tractat vom Steppenwolf« dagegen spricht von den Steppenwölfen als *Typen,* wodurch er ihnen gerade die Einzigartigkeit abspricht, auf welche sie so stolz sind. Er versteht diese Typen als »die vom Schuldgefühl der Individuation Betroffenen, als jene Seelen, welchen nicht mehr die Vollendung und Ausgestaltung ihrer selbst als Lebensziel erscheint, sondern ihre Auflösung, zurück zur Mutter, zurück zu Gott, zurück ins All«.

Diese romantische Regression aber ist nicht mehr möglich. Auch hierin ist Hesse kein Romantiker. Der Steppenwolf Harry Haller wird als Produkt der modernen bürgerlichen Gesellschaft verstanden. Schlimmer noch: mit seiner Sehnsucht nach Bürgerlichkeit wird er, allen wölfischen Zügen zum Trotz, sogar zur Festigung dieser Bürgerwelt benutzt. »Auf diese Weise anerkannte und bejahte er stets mit der einen Hälfte seines Wesens und Tuns das, was er mit der andern bekämpfte und verneinte.«

Wenn daher das auch im Traktat als kulturell unproduktiv bezeichnete Bürgertum trotzdem weiter gedeihen konnte, so gibt der Traktat dafür eine Erklärung ab: »Die Antwort lautet: wegen der Steppenwölfe.« Das ist abermals, wie ein Vierteljahrhundert vorher im »Tonio Kröger«, der Gegensatz zwischen Bürger und Künstler. Hesses Antwort aber entspringt den Einsichten in die Weltkriegs- und Nachkriegszeit. Der Typ der Steppenwölfe hat mitgeholfen, die Bürgerwelt zu konsolidieren, und zwar gerade durch den Dualismus ihrer tierisch-menschlichen Natur. Hier ist die Parallele zwischen den Gedankengängen des Traktats und den Visionen des magischen Theaters von der wölfischen Natur der bürgerlichen Zivilisation. Auch die Bürgerwelt erweist sich als steppenwölfisch.

Der Traktat geht noch weiter: er macht sich sogar über die Formel vom Steppenwolf ausdrücklich lustig, weil er sie als Ausdruck veralteter Anthropologie betrachtet: »Daß ein so unterrichteter und kluger Mensch wie Harry sich für einen »Steppenwolf« halten kann, daß er das reiche und komplizierte Gebilde seines Lebens in einer so schlichten, so brutalen, so primitiven Formel glaubt unterbringen zu können, darf uns nicht in Verwunderung setzen.« Es gehe gar nicht um den Gegensatz von tierischer und menschlicher Natur, sei auch gar nicht wahr, daß Haller – wie Faust – seine zwei Seelen in der Brust habe. »Harry besteht nicht aus zwei Wesen, sondern aus hundert, aus tausenden.« Damit entspreche er dem Pluralismus einer Gesellschaft, die den einzelnen immer wieder dem eigenen Selbst entfremdet und in einen bloßen Träger von Funktionen verwandelt. In der bürgerlichen Welt, die im Roman geschildert wird, kann Harry Haller gar nicht zur Persönlichkeit, zur »Individuation«, gelangen, wie der Traktat das einmal ausdrückt. Der Steppenwolf möchte seine Eigenart gegenüber der Gesellschaft und ihren Entfremdungstendenzen behaupten. Das möchten zahlreiche Steppenwölfe, die eben dadurch diesen allgemeinen Entfremdungsprozeß der Entpersönlichung sogar noch fördern. Das Ergebnis? Magisches Theater bei fortschreitendem Verlust der Individuation. Soll man noch weiter gehen als der Traktat und hinzufügen: Entpersönlichung als Folge allzu häufigen Spielens mit magischem Theater?

Der Traktat geht so weit nicht. Er behauptet: »Zurück führt überhaupt kein Weg, nicht zum Wolf, noch zum Kinde. Am Anfang der Dinge ist nicht Unschuld und Einfalt; alles Erschaffene, auch das scheinbar Einfachste, ist schon schuldig, ist schon vielspältig, ist in den schmutzigen Strom des Werdens geworfen und kann nie mehr, nie mehr stromaufwärts schwimmen. Der Weg in die Unschuld, ins Unerschaffene, zu Gott, führt nicht zurück, sondern vorwärts, nicht zum Wolf oder Kind, sondern immer weiter in die Schuld, immer tiefer in die Menschwerdung hinein.« Keine romantische Regression, sondern ein Weg nach vorwärts. Der Traktat hält die Individuation für möglich, aber in der Form eines zukünftigen Prozesses. Wobei die künftige Menschwerdung freilich als ›Schuld‹ verstanden wird. An dieser Stelle aber, wo die wichtigste These des Traktats verkündet wird, ist gleichzeitig der Widerspruch zu Hallers eigenen Aufzeichnungen besonders schneidend. Alles bleibt offen in diesem ungewöhnlichen Buch. Im »Steppenwolf« präsentierte Hesse die Gegensätze noch weitaus schärfer und schroffer als später im »Glasperlenspiel«. In beiden Fällen aber bloß die Analyse, die Warnung, keine Lösung. Lösung ist weder Kastalien noch das magische Theater. Ein Buch der Warnung, bestimmt für die deutschen ›Geistigen‹, die nicht darauf hörten. Ein Buch der Lebenskrise, der Künstlerkrise, der Gesellschaftskrise.

(1964)

Norddeutsche Provinz mit Gloria Victoria
Karl Jakob Hirschs Roman »Kaiserwetter« (1931)

Wann immer Wilhelm der Zweite, Deutscher Kaiser und
König von Preußen, seinen Besuch in der Provinz ansagte,
um Garnisonen zu inspizieren, Manöverkritik zu üben, ört-
liche Würdenträger huldreich anzuknurren: es hatte erst-
klassiges Wetter zu herrschen. Hohenzollernwetter. Kaiserwetter. Analog zu allen Kaiserstraßen, zum Hotel »Kai-
serhof«, zum Kaiserschnitzel im Gasthaus. Den Wahl-
spruch »Gott mit uns«, interpretierte man im deutschen
Kaiserreich nicht als Anruf, sondern als Tatsache. Gott war
mit uns. Das verstand sich. Christian Morgenstern verulkte
den guten Mond, der sich beim Abnehmen und Zunehmen
nach den Lesern in unserem Lande richtete, als »völlig deutschen Gegenstand«.

Von solchen Zuständen und Gemütslagen handelt Karl Jakob Hirschs Roman »Kaiserwetter«, der 1931 erschien, um
zwei Jahre später, bei den Bücher-Fanalen im Jahre 1933,
durch Studenten im Braunhemd ins Feuer geworfen zu werden. Mit triftigen Gründen übrigens, wenn man die Ideologie der SA mit den moralischen Positionen des Buches und
seines Autors Hirsch konfrontiert: ganz zu schweigen von
rassischer Unreine jenes Karl Jakob Hirsch.

Ein Ostberliner Verlag brachte schon Anfang der fünfziger
Jahre, noch zu Lebzeiten Stalins, eine neue Edition, umging
aber prüde den Titel »Kaiserwetter«, den man Lesern in
Leipzig und Rostock offenbar nicht zumuten wollte.

Nach vierzig Jahren legt nun der S. Fischer Verlag seinen
Autor und das Verlagsobjekt von 1931 abermals vor: als
Neuausgabe und mit einem Nachwort von Paul Raabe.

Nicht als antiquarische Rarität oder Kuriosität, sondern als Beitrag zum Verstehen von gesellschaftlichen Konflikten, die ungelöst blieben.

Das Nachwort berichtet, der alte und leseerfahrene Samuel Fischer habe die Prosa des Romans »Kaiserwetter« als »das beste Deutsch« bezeichnet, »das ich seit Fontane gelesen habe«. Vielleicht hätte man auf dies Zitat verzichten sollen, da es – jenseits aller Wertungen – auch als Charakteristik eher verwirrt. Wenn irgendeiner *nicht* zur literarischen Ahnenreihe dieses Romans und seines Autors gehört, so der Verfasser von »Irrungen Wirrungen«. Nicht minder irritiert die Behauptung Paul Raabes, das Buch »Kaiserwetter« sei, »wie ›Berlin Alexanderplatz‹ von Alfred Döblin oder ›Fabian‹ von Erich Kästner, ein Roman der zwanziger Jahre«. Das stimmt nur für die gemeinsame Entstehungszeit jener Bücher und für einige Stimmungen wie Antithesen. Nicht jedoch – und abermals jenseits aller Wertungen – für Thema und Erzählweise des Romans »Kaiserwetter«.

Döblins und Kästners Berichte vom Vor-Ende der Weimarer Republik waren Zeitromane. Die erzählte Zeit verstand sich, chronologisch wie soziologisch, als diejenige der Erzähler. »Kaiserwetter« hingegen ist ein Buch der Erinnerung und der Retrospektive. Es endet mit dem Kriegsausbruch von 1914, geschrieben aber hat es einer, der die Folgen erlebte und bedachte. Döblin und Kästner hielten auf Distanz zu den Vorgängen und Figuren. Karl Jakob Hirsch jedoch geht insgeheim um in seiner Figur des Rechtsanwaltsohnes, Gymnasiasten und angehenden Komponisten Joe de Vries aus Hannover. Der Romancier entgleitet bisweilen ins offenkundig Autobiographische.

Darum auch kann sich Hirsch nicht entschließen, zwischen der Zeit seiner Jugend vor dem Ersten Weltkrieg (er war

1892 geboren), die den Zeithintergrund seines Romans abgibt, und den geistigen Positionen der ausgehenden Zwanziger Jahre als Entstehungszeit des Romans sorgfältig zu
scheiden.

»Sie war sehr einfach angezogen, mit einem Stich ins Re-
formkleid, das damals bei den Studentinnen Mode war.«
Damals? An solchen Stellen wird die Erinnerungsform of-
fenkundig. Berichte eines Zurückblickenden. Andererseits
möchte Hirsch die Gleichzeitigkeit vorspiegeln: jemand
sieht, ist zugegen und berichtet. Kaiserempfang im Rathaus,
Promenadenkonzert auf der Georgstraße, Brand in der zur
Nachtbar umfunktionierten Mühle irgendwo zwischen
Hannover und Bremen. Der Autor möchte beides und
gleichzeitig geben: Augenblicke des erlebten Lebens *und*
Rückblicke auf eine entfremdete, abgelebte und verurteilte
Welt. Überall dort, wo an der Jugendgeschichte des jungen
de Vries das Autobiographische durchscheint, häufen sich
die Widersprüche in diesem so bedenkenswerten und span-
nenden Roman.

Historisch ist es natürlich möglich, daß sich der junge Musiker de Vries für Mahlers Rückertlieder begeisterte, die es
seit 1904 als Partitur zu kaufen gab, oder Arnold Schön-
berg für sich entdeckte. Möglich gleichfalls, daß der Vater
und Rechtsanwalt de Vries daran denkt, in einem Skandal-
und Sexualprozeß, der die Stadt Hannover von Grund auf
verstört (einer Vorwegnahme des Mordfalles Haarmann
aus den zwanziger Jahren), den Professor Freud in Wien
um ein Gutachten zu bitten. Trotzdem wirkt Joe de Vries
mitsamt seinem Autor an solchen Stellen des Buches wie
ein angehender Expressionist, der erstaunlicherweise die
Sekundärliteratur über den Expressionismus durchgearbeitet hat.

Obenhin durchgelesen, scheint der Roman einer durchgehenden Handlung ebenso zu ermangeln wie eines traditionellen »Helden«. Der Leser wird scheinbar bloß mit Episoden abgespeist, wobei in den meisten Fällen die vorhergehende mit der auf sie folgenden weder durch den Personenkreis verzahnt wird noch durch Einheit von Raum und Zeit. Der Erzähler scheint unablässig von einer Figur zur andern zu springen. In Wirklichkeit hat Hirsch seinen Roman sehr genau komponiert, allein das Strukturprinzip dieses Erzählers ist – wie man erwarten durfte bei einem Autor, der als expressionistischer Maler, Graphiker und Bühnenbildner erfolgreich gewirkt hatte, bevor er mit dem Schreiben anfing – von Grund auf geprägt durch das *expressionistische Prinzip des Nebeneinander*. Eine in sich – und scheinbar – undurchschaubar gewordene Gesellschaft soll ohne Kausalitäten, in hart gegeneinander gestellten Einzelteilen, zwar nicht verständlich gemacht, aber wenigstens angemessen nachgebildet werden. Darum die expressionistische akausale Reihung auch in dem Buch »Kaiserwetter«. Wie stets aber bei den besten Arbeiten, die inspiriert wurden durch die musa expressionistica, entsteht ein genaues Bild der örtlichen wie zeitlichen Verhältnisse. Ort: Hannover und Umgebung. Zeit: Kaiserzeit und erster Vorkrieg in einem.

Karl Jakob Hirsch schildert hannoversche Lebensläufe: jüngerer und älterer Menschen. Sozial gegensätzlich und insgeheim doch miteinander verknüpft durch Ort und Zeit. Briefträger Emanuel Tölle, der gleich zu Beginn hinunterschaut auf den Engelbosteler Damm und wenig Lust hat, den Nachtdienst um sieben anzutreten, denn jeden Augenblick kann der Anruf aus der Klinik kommen, wo Luise Tölle auf die Entbindung wartet. In der Nacht wird ihm dann mitgeteilt, der »Stammhalter«, wie man damals sagte, sei da. Bernhard (Berni) Tölle ist somit vom Erzähler eingeführt. Sein Lebenslauf konfrontiert mit demjenigen des Vaters.

Der zweite Dualismus von Lebensläufen eines Vaters und eines Sohnes führt in die »besseren Viertel« von Hannover. Biographien des Rechtsanwalts de Vries, eines jüdischen Skeptikers und Schöngeists, der einmal von der Kaisersonne angestrahlt wurde und mit innerem Grauen und Widerwillen von dieser, wie ihm scheint, unwürdigen Episode nicht loskommt, und seines Sohnes Joe, des sentimentalischen Musikers und melancholischen Gesellschaftskritikers.

Um diese Doppelpaare gruppiert sich eine Fülle genau durchgezeichneter Figuren auf allen Etagen des wilhelminischen Gesellschaftsgebäudes. Der Kaiser und seine Untertanen. Jüdische Rechtsanwälte und antisemitische Amtsrichter, die aber gemeinsam bei Mussmann ihren Portwein trinken. Die Zuhälterwelt vom Steintor und die mäßig erfolgreichen Kneipenbesitzer irgendwo auf dem Lande. Thron und Altar und die Kaserne am Königsworther Platz, Hofschauspieler und Kleinbürger. Die Arbeiterwelt ist offensichtlich ausgespart. Eine Sozialdemokratie der Vorkriegszeit wird im »Kaiserwetter« meist nur in bürgerlichen Verachtungsreflexen sichtbar.

Karl Jakob Hirsch hat Heinrich und Thomas Mann sehr genau gelesen. Manchmal kommt es fast zu wörtlichen Übereinstimmungen in der Formulierung mit Stellen aus den »Buddenbrooks«, dem »Tonio Kröger« und dem »Untertan«. Mit gutem Grund übrigens, denn die Welt, die vom Kaiserwetter erwärmt wird, ist jene Welt der Bürger und Künstler Thomas Manns wie des Untertans Diederich Heßling.

Die beiden Erzähler aus Lübeck freilich konfrontieren stets in ihren Lebensläufen eine aufsteigende mit einer absteigenden Linie. Buddenbrooks erlebt man als Verfall einer Familie, aber Hagenströms gelangen endlich an die Sonne. Die liberale Bürgerfamilie Buck bei Heinrich Mann geht unter in Schimpf und Schande und Majestätsbeleidigung. Aber Heßling strahlt im Licht. Ganz wie sein kaiserliches Vorbild.

Bei Hirsch gibt es nur *Lebensläufe in absteigender Linie*. Briefträger Tölle kommt nicht darüber hinweg, daß er, der preußische Beamte, durch Zufall und Suff in eine Demonstration geriet und von kaiserlicher Polizei eins über den Schädel bekam: »Da saß er, mit verbundenem Kopf, und starrte aus dem Fenster. Es war Sonnabend, es regnete Strippen. Der Kopf war sehr benommen und wirr, die Wunde war ja gut verheilt, aber er spürte ein Ziehen und Stechen, ein Brennen und noch etwas. Eine Unruhe, Durst, Hunger, Sehnsucht und Ohnmacht, sein Dasein erschien ihm traumhaft. Doch war Tölle kein Dichter, kein Träumer, er war begabt mit Witz und einem Verstand, genügend für den preußischen Beamten, aber zu wenig für einen Mann in dieser Lage.« Darüber kommt er nicht weg, denn auch für seine Kollegen ist er von nun an etwas anrüchig. Der Verfall ist physisch, moralisch, gesellschaftlich in einem.

Rechtsanwalt de Vries kommt nicht über die sinnlose Konfrontation mit der kaiserlichen Majestät hinweg. Danach wurde ihm bewußt, daß er nicht ganz und richtig integriert war im Sinne seiner Umwelt: kaum einzuordnen in ein Dasein aus Gloria Victoria. Zuerst zerfällt ihm die Welt aus Gesetz und Gesellschaft, dann auch die nur scheinbar heile Welt der Familie. Das Morphium, endlich die Verstörung durch den Sexualmordprozeß, wo er den Triebtäter verteidigt und damit in Hannover ebenso anrüchig wird wie der Professor und Gerichtsberichterstatter Theodor Lessing beim Verfahren gegen Fritz Haarmann in den zwanziger Jahren.

Absteigende Lebensläufe auch der beiden Söhne. Berni Tölle, der hübsche Bengel, Weiberheld und, wo es was einbringt, wohl auch Männerheld. Joe de Vries, den Lebenserfahrung und Kunstverstehen gleichzeitig dazu bringen, die Kaiserwelt als deformiert, verfallend, untergangsreif zu empfinden.

Am Schluß des Romans stehen alle vor der Katastrophe des Kriegsausbruchs, halten das ersehnte, Kaiser und Bürger bestätigende Erlebnis kriegerischer »Bewährung« jedoch für die Garantie von Aufstieg, Gloria und Victoria.

»Eines Sonntags kam Berni in schmucker Uniform an, und seine Äußerungen wurden als autoritativ betrachtet, da er es doch wissen mußte, was ›gespielt wurde‹ draußen im Lande. Aber Berni sagte nichts als: ›Deutschland ist gerüstet…‹ Das war der Lieblingsausdruck seines Hauptmanns.«

In jener Vorkriegszeit, da alles im Innern zerfiel und äußerlich im Sonnenglanz lag, unter dem Kaiserwetter, hatte man in dieser norddeutschen Provinz wie allenthalben im Kaiserreich streng auf Distanz gehalten untereinander, auf Abstand. Die Eltern de Vries und Tölle begrüßen einander beim Sonntagsausflug, denn Joe und Berni sind Schulkameraden. Aber man ist froh, nach einigen Redensarten wieder in die eigene Umwelt zurückkehren zu können. Jede Episode des Romans schildert diesen Zustand. Wilhelm der Zweite wird am 20. Juni in Hannover erwartet. Bei Kaiserwetter vom Dienst: wie es sich versteht: »Der 20. Juni war bis in die neunte Morgenstunde vorgerückt. Man hatte zuerst den Bahnhofsplatz mit Sand bestreut, dann die Bahnhofstraße bis zu Café Kröpcke. Dann wurde abgesperrt, mit einem Riesenaufgebot von Schutzmannschaft, mit blitzblanken Uniformen und Pickelhelmen. Absperren war die Hauptsache, das gehörte dazu, damit war jeder einverstanden. Das mußte auch der roteste Sozialdemokrat einsehen.«

Das Buch »Kaiserwetter« gehört sicher nicht zu den großen deutschen Romanen, wenngleich es da sprachliche Prägungen gibt, die ungewöhnlich sind. Da ist Poesie, aber bisweilen auch Dilettantismus eines Erzählers, der sich mit dieser Geschichte zum ersten Mal in einen neuen Ausdrucksbereich wagte. Zweideutigkeit der Erzählhaltung zwischen Einst und Jetzt verwirrt. Unscharfe Trennung zwischen Epik, Dokumentation und Autobiographie schädigt die literarische Einheit. Die Figuren sind bisweilen trotz allem zu privat und zufällig, als daß sie, wie Hirsch zeigen möchte, ein ganzes Gesellschaftssystem im Verfall wirklich repräsentieren könnten. Dennoch ist es wichtig und erfreulich, daß man »Kaiserwetter« wieder oder zum ersten Mal lesen kann: als eine Geschichte, oder ein Kompendium von Geschichten, worin scheinbar nichts beschrieben wird als heile Welt und besonnte Vergangenheit. Während sie sich später, durch den Krieg und in seiner Folge, zum Unheil veränderte. Was jedoch nur möglich war, da sie selbst dieses Unheil schon damals war und gewesen war. In Gloria Victoria und im Strahlen des Kaiserwetters.

(1972)

Der pessimistische Aufklärer Kurt Tucholsky

Es muß im Jahre 1928 gewesen sein. In jener Zeit also, da Tucholsky, nach Jacobsohns plötzlichem und frühem Tode am 3. Dezember 1926, genötigt war, von Paris nach Berlin zurückzukehren, um die verwaiste Redaktion der *Weltbühne* zu übernehmen. Dieser überraschende und wohl auch unerwünschte Deutschlandaufenthalt brachte ihn dazu, gelegentlich Vortragsreisen zu unternehmen. Damals erging sich der Strafrechtsausschuß des Deutschen Reichstags in endlosen Erörterungen über eine Reform des immer noch gültigen Kaiserlichen Strafrechts. Die Debatten sind dann bekanntlich nach 1933 mitsamt dem Reichstag »liquidiert« worden, um in unseren Tagen, als wäre kaum etwas geschehen, weitergeführt zu werden. Das Kaiserliche Strafrecht gilt nach wie vor.

Um 1928 aber sah es wieder einmal so aus, als werde nun doch eine Gesetzgebung vorbereitet, die ein bißchen mehr Respekt beweise vor Erfahrungstatsachen aus den Bereichen der Soziologie, Psychologie, Verhaltensforschung und auch der Lehre von den neueren Praktiken des Gesellschaftslebens. Weshalb Kurt Tucholsky beschloß, eingedenk einstiger Studien der Rechtswissenschaft und eines wohlerworbenen Doktorats der Rechte, als Jurist wie als Schriftsteller zu diesen Fragen der Strafrechtsreform sich öffentlich zu äußern.

So kam er in unsere Stadt Köln am Rhein. Der Vortrag fand im solide-traditionsreichen Saal der Bürgergesellschaft statt. Der Saal war voll. Damals gab es noch Klingelzeichen vor dem Beginn, wie im Theater. Das Klingelzeichen ertönte, eine Tür zum Nebenraum öffnete sich, heraus kam raschen

Schrittes ein mittelgroßer, untersetzter Mann (Tucholsky war keineswegs dick: es lag ein wenig Koketterie darin, wenn er sich gern als dicken Dichter zu präsentieren liebte), es gab ein Treppchen zur Bühne, das schritt er hinauf, dem Vortragspult entgegen, aber schon kurz nach Betreten des Saales, noch vor der ersten Treppenstufe, hatte er bereits zu sprechen begonnen. Mit klarer Stimme sagte da einer, während er rasch immer weiterging, hin zum Rednerpult: »Was nun die Justitia betrifft, die mit der Binde vor den Augen, so ist das mit der so:« Mittlerweile war Tucholsky am Rednerpult angelangt, der Vortrag ging weiter, denn er hatte ja schon längst, seit die Tür zum Künstlerraum geöffnet wurde, seinen Anfang genommen.

Keine Anrede mit Damen und Herren und verehrten Anwesenden. Es war so – will man mit einer modernen Rundfunksendung vergleichen –, als werde plötzlich das Mikrophon eingeschaltet: lange nachdem das Gespräch, oder auch der Vortrag, begonnen hatte.

Was dann als eigentliches Referat folgte, war nicht einmal sehr bemerkenswert. Man kannte die Argumente und Positionen sowohl aus eigenen Beiträgen Tucholskys wie aus gründlichen Reportagen der *Weltbühne*, wo sich damals vor allem Kurt Hiller mit diesen juristischen Komplexen sachverständig (auch Hiller war Schriftsteller und Jurist zugleich) und leidenschaftlich auseinanderzusetzen pflegte. Übrigens war es der Vortrag eines großartigen Redners. Hin- und herwandernd auf der Bühne bot uns dieser Mann – Rhetor und Jurist – präzise Tatsachen, gute logische Schlüsse, soziales Pathos ohne Pedalbenutzung. Es war ersichtlich, daß sich dieser Vortragende an Tucholskys *»Ratschläge für einen guten Redner«* gehalten hatte, wo es heißt: »Hauptsätze. Hauptsätze. Hauptsätze. Klare Disposition im Kopf – möglichst wenig auf dem Papier. Tatsachen, oder Appell an das Gefühl. Schleuder oder Harfe. Ein Redner sei kein Lexikon. Das haben die Leute zu Hause.«

An diesem Vortragspult, oder eigentlich darumherum, lernte ich damals Herrn »Ignaz Wrobel« kennen, einen aus der Gemeinschaft der fünf PS, was Pferdestärke und Pseudonym in einem bedeuten mochte. In den Ignaz Wrobel pflegte sich Tucholsky zu verwandeln, wenn er Fragen der allgemeinen Politik, der Gesellschaftsreform, des deutschen Justiz- und Militärwesens zu behandeln gedachte. Wrobel war der Bitterböse unter den Fünfen: sein Alter ego Tucholsky hat beschrieben, mit welchen Ressentiments die Komposition dieses Namens verknüpft war. Wurde noch offizieller und nachdrücklicher in einer Sache von besonderem Gewicht die notwendig erscheinende These formuliert, so pflegte dieser Mann der fünf PS als »Kurt Tucholsky« zu signieren. Dann war keine Zeit für Spielerei mit Decknamen und literarischen Capricen: in solchen Fällen stand ein Aufklärer ein für das, was er zu sagen hatte.

Auch den »Peter Panter« habe ich einmal am Rednerpult erlebt. Wiederum in Köln, wohl einige Zeit vor dem Referat über Strafrechtsreform. Tucholsky sprach diesmal in dem kleineren, aber für einen Redner viel reizvolleren Saal des Kunstvereins, einem neo-klassizistischen Bau, wo man aber in den zwanziger Jahren vor allem die expressionistischen Maler, die auch in Köln ihre Niederlassung hatten, auszustellen pflegte. Schließlich hatte auch ein Max Ernst von hier aus seinen Weg genommen.

Das Vortragsthema wurde angekündigt als: »Frankreich – heute«. Was Tucholsky damals vortrug, kennt man natürlich aus seinen berühmten Feuilletons und Gedichten: vom Park Monceau über Riviera und »Wandertage in Südfrankreich« bis zum »Pyrenäenbuch«. Berichtet wurde, ganz leicht, scheinbar improvisiert und sprachlich genau durchgearbeitet (ein Manuskript wurde nicht sichtbar, daran glaube ich mich genau zu erinnern), von Conciergen und vom Essen, von der Liebe und Schwierigkeiten mit der französischen Sprache, vom Leben der kleinen Leute in Frankreich und der französischen Lebensphilosophie des *Ah ça*. Peter Panter vertrat unter den Fünfen das – erreichbare – Maximum an Lebensmut. Er konstatierte, urteilte nur selten, verurteilte wohl nie. Wo Wrobel anklagte, bemühte er sich ums Verstehen. Ein liebenswerter Zeitgenosse mit heiteren Fio(ri)turen über einem melancholischen Grundbaß. Auch er, wie Ignaz Wrobel, ein glänzender Redner.

»Theobald Tiger« dagegen konnte man nicht kennenlernen. Er war bloß Lyriker und schlief, wie Tucholsky berichtet hat, immer dann, wenn es nur um Prosa zu gehen schien. Er war natürlich kein monologischer Lyriker im Sinne Gottfried Benns, aber doch auch kein Poet, der sich selbst die Rolle eines öffentlichen Rhapsoden zugedacht hätte, vergleichbar den russischen Lyrikern von Majakowski bis Jewtuschenko. Theobald Tigers Verse hatten auch nicht den spezifischen Adressaten zum Bestandteil der Gedichte gemacht, etwa durch das Streben nach Gefühlskommunikation wie bei Aragon, oder durch eine dialektische Subjekt-Objekt-Beziehung, die mit Verfremdungen, Auslassungen und Partnerschaften arbeitet, wie bei Brecht. Theobald Tigers Verse waren nicht monologische, aber solitäre Lyrik. Einsamkeit aus Sehnsucht nach einer – offenbar vergeblichen – Gemeinsamkeit. Wie es dabei zuging, kann man aus dem Gedicht »Im Käfig« aus dem Jahre 1918 ersehen:

Ich möcht so gern hinaus. Ich streck und dehn mich –
die habens gut, mit ihrer großen Zeit!
Sie sind gewiß nicht rein, und doch: ich sehn mich
nach der Gemeinsamkeit.

Der Tiger gähnt. Er käm so gern geloffen...
Doch seines Käfigs Stäbe halten dicht.
Und ließ der Wärter selbst die Türe offen:
Man geht ja nicht.

Der fünfte schließlich war »Kaspar Hauser«, aber wie es mit
dem stand, konnte man schon aus der Namenswahl ersehen.
Ein Fremdling in der modernen Welt, der, unkundig seiner
Herkunft und erst recht seiner künftigen Bestimmung, alles
Gegenwärtige nur als Frage nach dem Vormaligen und dem
Künftigen verstehen mochte. Zu Kaspar Hauser gehören im
Œuvre Kurt Tucholskys die so merkwürdigen Geschichten
unter dem Sammeltitel »Nachher«. Es sind Betrachtungen
post mortem: Reflexionen im Jenseits über das Diesseits.
Monologe mit einem Partner, der eigentlich aber nicht zu
Wort kommt, und vielleicht ein Partner im Innern des Mo-
nologisten ist. Dem wird dann durch Kaspar Hauser anver-
traut, warum man unter den Leuten im einstigen Diesseits
nicht zu leben vermochte: »›Weil‹, sagte ich, ›man so nicht
leben kann – mit der Wahrheit in der Hand. Sie vertragen
es nicht. Sie leben von der Lüge, von einer eingebildeten
Überlegenheit, von dem Glauben, sie würden geachtet,
während sie in Wirklichkeit nur benutzt, ausgenutzt, ignoriert und geduldet sind. Sag ihnen, wie du wirklich über sie
denkst, wenn ein Brief von ihnen ankommt – und alles ist
aus.‹«
Natürlich gab es auch Bündnisse zwischen den miteinander
identischen Partnern. Kaspar Hauser etwa und Theobald

Tiger wirkten bisweilen miteinander, wenn es darum ging, in klarer, wenngleich einsamer Prosa die Rechtfertigung für Tigers Verse zu liefern. Dann schrieben sie gemeinsam über die Impulse ihrer politischen Satire. Nämlich so: »Im Grünen fings an und endete blutigrot. Und wenn sich der Verfasser mit offenen Armen in die Zeit gestürzt hat, so sah er nicht, wie der Historiker in hundert Jahren sehen wird, und wollte auch nicht so sehen. Er war den Dingen so nahe, daß sie ihn schnitten und er sie schlagen konnte. Und sie rissen ihm die Hände auf, und er blutete, und einige sprachen zu ihm: ›Bist du gerecht?‹ Und er hob die blutigen Hände – blutig von seinem Blute – und zuckte die Achseln und lächelte. Denn man kann über alles lächeln...

Und daß inmitten dem Kampfeslärm und dem Wogen der Schlacht auch ein kleines Gras- und Rasenstück grünt, auf dem ein *blaues Blümchen*, ebenso sentimental wie ironisch, zart erblüht – das möge den geneigten Leser mit dem grimmigen Katerschnurrbart und dem zornig wedelnden Schweif des obgenannten Tigers freundlich versöhnen« (1919).

Mit fünf PS eine Einheit der Widersprüche. Tucholsky pflegte die Widersprüche als Portionen seiner Existenz darzubieten. Was bei einem andern als Ungereimtheit und Mangel an Folgerichtigkeit aufgefallen wäre, sollte dadurch erklärt werden, daß halt Wrobel einen anderen Standpunkt und Geschmack besaß als Panter oder gar Hauser. Tucholsky selbst aber war der Mann *mit* und *hinter* den fünf PS. Also doch eine Einheit der Widersprüche. Die freilich waren nur allzu offensichtlich: in der Ästhetik, der Politik und der Philosophie.

Daß Kurt Tucholsky, neben vielem anderen, auch einer der

großen deutschen *Literaturkritiker* seiner Zeit gewesen ist, sollte heute nicht mehr bezweifelt werden. Was oder wen aber haßte und liebte er? In einer kurzen Antithese vom Jahre 1928 spricht diesmal Tucholsky zusammen mit den vier andern, um stichwortartig zu begründen, was er haßt und liebt. Jeder von den Fünfen steuert die Sympathien oder Idiosynkrasien bei. Wrobel beginnt mit dem Bekenntnis, daß er das Militär haßt. Panter repliziert mit einer Liebeserklärung an Knut Hamsun. Alle fünf vereinigen sich schließlich im Haß gegen ein Deutschland in Gänsefüßchen, in der Liebe zu einem Deutschland ohne Anführungszeichen. Die Antithesen dieses Literaturkritikers sind höchst merkwürdig, oder eigentlich gar nicht. Für Kafka, den Tucholsky als einer der ersten für sich und die Mitwelt entdeckte, und gegen den »Ulysses« von Joyce:

»Und falls dieses Buch eine neue Odyssee ist –: ich will mich lieber vor der Odyssee blamieren, als, getreu nach Vaihinger, so tun, als ob...«

Sehr witzig dann die Schlußfolgerung:

»Liebigs Fleischextrakt. Man kann es nicht essen. Aber es werden noch viele Suppen damit zubereitet werden.«

Geschrieben 1927. Doch, man kann es essen, aber viele Suppen sind in der Tat seitdem mit Hilfe von Joyce-Extrakt serviert worden.

Für Kafka also und gegen Joyce. Für Knut Hamsun und gegen Thomas Mann. Für Hermann Hesse (trotz manchem Vorbehalt) und gegen Brecht. Für eine Dichtung der Einsamkeit, wie sie dieser Kritiker im »Prozeß«, in Hamsuns »Segen der Erde«, im »Steppenwolf« zu entdecken glaubte, aber gegen eine Dichtung, die es darauf angelegt hatte, moderne Wirklichkeit, wenngleich mit mythischem Einschuß, im Wort nachzubilden, wie das von Joyce nicht minder versucht wurde als von Döblin, mit dem Tucholsky auch nichts anfangen konnte, wie es im »Zauberberg« geleistet werden sollte oder bei Proust und den Amerikanern der zwanziger Jahre, die alle Tucholsky als Rezensionsstoff den andern Mitarbeitern der *Weltbühne* überließ. Seine Kriterien vor der Literatur wie dem Leben waren diejenigen eines solitären Lyrikers. Der »Traktat über den Hund, sowie über Lerm und Geräusch« vom Jahre 1927 endete mit einem Gebet: »Lieber Gott, gib mir den Himmel der Geräuschlosigkeit. Unruhe produziere ich allein. Gib mir die Ruhe, die Lautlosigkeit und die Stille. Amen.« »Unruhe produziere ich allein.« Weshalb er so gierig darauf aus war, in der Literatur einem Anschein von Ruhe zu begegnen. Wie anders wäre seine Verehrung für Hamsuns fragwürdige Bukolik zu erklären? Denn eben *die* liebte Tucholsky an dem Norweger, nicht dessen verwirrt-genialische Hungervisionen des Anfangs.

Widerstreit zwischen Erkenntnis und Idiosynkrasie auch im *politischen* Bereich. Tucholsky trat von jeher parteilich ein für die kleinen Leute, die »leidenden gedrückten Gestalten«, mit Georg Büchner zu sprechen. Viele Prosastücke und Gedichte Panters oder Tigers künden von dieser Vorliebe. Aber für die proletarische Revolution und ihre Theorie war er nicht zu gewinnen. Sein literarisches Plebejertum weckte in ihm Sympathie für alles Denken, das auf radikale Demokratisierung hinzustreben schien: auf das Ende aller Privilegien und Hierarchien. Aber die Sozialdemokratie war ihm gleichzeitig ein Greuel. Ihre Vereinsmeierei hat er immer wieder verspottet: Von dem Gedicht »Feldfrüchte« mit den bescheidenen Radieschen, die außen rot sind und innen weiß, bis zu dem Mann, der in die SPD eintrat, wie in einen Kegelverein, weil ihn ein guter Freund darum gebeten hatte.

Wenn Tucholsky über Marx spricht und den Marxismus, von denen er nicht allzuviel gewußt hat, so meinte er die kritische Methode dieser Gesellschaftswissenschaft: ihre materialistische Geschichtsauffassung und ihre Kritik der bürgerlichen Ökonomie. Marxismus als Einheit von Theorie und Praxis, bestimmt zur Errichtung neuer Gesellschafts- und damit auch Machtverhältnisse, war ihm fremd und eigentlich widerlich. Dagegen stellte er den Pessimismus seines geliebten Schopenhauer. Bei Schopenhauer glaubte er die Antwort auf das Dilemma zwischen der Utopie und ihrer Verwirklichung gefunden zu haben, weshalb er die Stelle über einen seiner ernsthaftesten Aufsätze »Wir Negativen« aus dem Jahre 1919 setzte: »Wie ist er hier so sanft und zärtlich! Wohlseyn will er, und ruhigen Genuß und sanfte Freuden, für sich, für andere. Es ist das Thema des Anakreon. So lockt und schmeichelt er sich selbst ins Leben hinein. Ist er aber darin, dann zieht die Qual das Verbrechen und das Verbrechen die Qual herbei: Greuel und Verwüstung füllen den Schauplatz. Es ist das Thema des Aischylos.«

Die Antwort dieses politischen Pessimisten in einem Augenblick, da die Revolution in Deutschland noch ebenso real war wie die sich unaufhaltsam formierende restaurative Gegenbewegung? »Wir sollen positive Vorschläge machen. Aber alle positiven Vorschläge nützen nichts, wenn nicht die rechte Redlichkeit das Land durchzieht... Was wir brauchen, ist diese anständige Gesinnung.«

Hier ist beides miteinander vereint: Aufklärung einer durchaus idealistischen Art – und Pessimismus, der bei Schopenhauer gleichfalls bekanntlich seine Ursprünge auf Kant zurückführte. Die Frage nach der Veränderung des Bewußtseins durch Veränderung des gesellschaftlichen Seins, wie es der Marxismus fordert, ist für Tucholsky niemals bedenkenswert gewesen. Seine Aversion gegen Brecht und dessen anti-idealistische Impulse hing tief mit seiner eigentümlichen Privatphilosophie zusammen.

Die nämlich, die *philosophische* Konzeption des Mannes mit den fünf PS, strebte nach einem sonderbaren *Amalgam aus Lichtenberg und Schopenhauer.* Idealistische Aufklärung und philosophischer Pessimismus in einem. Es war immer noch, wie auch bei den Expressionisten, die Tucholsky im allgemeinen nicht ausstehen konnte, wenngleich er ihnen philosophisch insgeheim sehr nahestand, die abstrakte Gegenüberstellung von Macht und Geist. Darum, gleichfalls aus dem Jahre 1919 stammend, neben dem Bekenntnis zu Schopenhauer zugleich die Huldigung für den jakobinischen Aufklärer Heinrich Mann: »Weil aber Heinrich Mann der erste deutsche Literat ist, der dem Geist eine entscheidende und mitbestimmende Stellung fern aller Literatur eingeräumt hat, grüßen wir ihn. Und wissen wohl, daß diese wenigen Zeilen seine künstlerische Größe nicht ausgeschöpft haben, nicht die Kraft seiner Darstellung und nicht das seltsame Rätsel seines gemischten Blutes.

So wollen wir kämpfen. Nicht gegen die Herrscher, die es immer geben wird, nicht gegen Menschen, die Verordnungen für andre machen, Lasten den andern aufbürden und Arbeit den andern. Wir wollen ihnen *die* entziehen, auf deren Rücken sie tanzten, *die,* die stumpfsinnig und immer zufrieden das Unheil dieses Landes verschuldet haben, *die,* die wir den Staub der Heimat von den beblümten Pantoffeln gerne schütteln sähen: die Untertanen!«

Neun Jahre später aber, als sich alle Illusionen in Form von Illusionsverlusten präsentieren, kam doch wieder Schopenhauer als beherrschende Gewalt hinter Tucholskys Schreiben zur Kenntlichkeit. Das berühmte Gedicht vom Lächeln

der Mona Lisa ist ein Schopenhauer-Gedicht und meint:
Geh an der Welt vorüber, es ist nichts.

Ich kann den Blick nicht von dir wenden.
Denn über deinem Mann vom Dienst
hängst du mit sanft verschränkten Händen
    und grienst.

Du bist berühmt wie jener Turm von Pisa,
dein Lächeln gilt für Ironie.
Ja ... warum lacht die Mona Lisa?
Lacht sie über uns, wegen uns, trotz uns, mit uns, gegen
    uns – oder wie –?

Du lehrst uns still, was zu geschehen hat.
Weil uns dein Bildnis, Lieschen, zeigt:
    Wer viel von dieser Welt gesehn hat –
    der lächelt, legt die Hände auf den Bauch und schweigt.

Dies könnte abermals nach Flucht in die Innerlichkeit aussehen, nach einer Ästhetik des Weltinnenraums in Rilkes
Gefolge. Eben dies aber kann der Aufklärer in Tucholsky
auch wieder nicht ausstehen. In einem Gruß zu Hermann
Hesses 50. Geburtstag (1927) kommt es zur Auseinandersetzung mit der deutschen Jugendbewegung und ihrer Ästhetik, einer Ästhetik der Innerlichkeit: zu einer Betrachtung
über die Wirkungen dieser Sozialaskese auf die sozialen Tatsachen. Tucholsky ist sehr schroff und formuliert seinen
Einwand gegen »diese Literatur, dieses Innenleben und diesen deutschen Menschen«. Nämlich so: »Ihr Selbstzweck ist
die Erbsünde.« Dies hat nun nichts mehr zu tun mit Schopenhauer und dem lächelnden Schweigen der Mona Lisa.
Pessimismus und Aufklärung in einem. Tucholskys Welt-
bild in Politik, Philosophie und Literatur hatte niemals

nämlich mit Denkergebnissen zu tun, sondern stets mit Enttäuschungen. Und mit Lesefrüchten: also entweder mit Büchern, die ihn entflammten oder anwiderten.

Dem jungen Menschen vor dem Kriegsausbruch von 1914,
der »Rheinsberg« schrieb als ein Modell-Lesebuch für Ver-
liebte, war der Pessimismus von Hause aus nicht mitgege-
ben. Zu den expressionistischen Sekten zwischen 1910 und
1914 freilich gehörte er nie. Er war ein guter jüdischer Bür-
gersohn mit viel Neuromantik. Darum empfand er so starke
Affinität zu *Arnold Zweig*, dem folgerichtigerweise auch
sein berühmter Abschiedsbrief zugedacht wurde. Wenn
Tucholsky im Jahre 1920 eine Vorkriegsgeschichte von Arnold Zweig bespricht, so meint er im Rückblick zugleich
diesen Autor und sich selbst:

»Ist diese Welt am Zerfallen? Sind wir anders geworden?
Hat sich nicht etwas in unser Leben gedrängt, etwas Neues,
Schweres, etwas, das alles das da zum freundlichen Orna-
ment macht? Abgesehen davon, daß es bei Zweig nie ganz
primär war – sagt ich vorhin: Spitzweg?? Aber es ist eine
sauber kolorierte Luxusausgabe seiner Werke, es ist alles bewußt, schon in der ›zweiten Windung‹ gesehen... Keine
Kritik ist dies – nur eine Feststellung... Wohin ist das alles
entschwunden? Und bewegt und schmerzlich berührt lese
ich die Jahreszahl, die unter dem Werk steht: 1909.
Das war eine andre Zeit, und wir waren sehr glücklich.
Kommt das je wieder?«

Es kam niemals wieder. Auch für Tucholsky hatte es, an der
rumänischen und russischen Front, so etwas gegeben wie
Arnold Zweigs »Erziehung vor Verdun«.

Dann kamen Zusammenbrüche und Revolutionen. Der
pessimistische Aufklärer war für Rosa Luxemburg, aber für
die Frau, für dieses Menschentum, für das Opfer. Er suchte

nach einer Bürgerlichkeit, die gleichzeitig radikalen Demokratismus zulassen könnte. Das gab es nicht. Er mußte zusehen, wie die Welt von gestern restauriert wurde, ohne daß sich die Glücksimpulse von einst, von Rheinsberg, gleichfalls restaurieren ließen. Das macht: er war damals jung gewesen und hatte noch nicht verabscheut, was nun von neuem etabliert wurde. Nun schuf er sich *Gegenutopien im Ausland.* Frankreich wurde, da die Utopie von Rheinsberg unwiederbringlich schien, zur glückverheißenden Gegenwelt. Später gab es noch einen Versuch mit der schwedischen Utopie. Es war der Weg von einem Schloß zum andern: von Rheinsberg nach Gripsholm. Dahinter steckte weit mehr als Feuilletonismus. Es kam einem Austausch der Utopien gleich. Scheinbar war es, mit Schopenhauer zu sprechen, immer noch das Thema des Anakreon. Aber Tucholsky wußte insgeheim, daß darunter, ungeachtet aller Reisen von Land zu Land und von Schloß zu Schloß, das tragische Thema des Aischylos intoniert blieb. Bis die Aufklärung durch den Pessimismus ganz verdrängt wurde, und Anakreon vor der Übermacht des Aischylos zu verstummen hatte. Da gab es dann nur noch die Tragödie und den freien Tod.

Emigriert war dieser Schriftsteller eigentlich schon seit 1924. Verstummt war er im Grunde bereits fünf Jahre vor dem Selbstmord. Das Exil schien alles zu rechtfertigen, was für Schopenhauer sprach und gegen Heinrich Mann. Wer von jeher – bei aller Sympathie für die kleinen Leute – doch nur solitäre Literatur zu schaffen verstand, bleibt taub für den Anruf der andern. Im selben Jahre 1935, da sich Heinrich Mann in Paris zusammenfand mit Brecht und Musil, mit Malraux und Gide, mit Spender und Auden, zu einer Vereinigung der antifaschistischen Schriftsteller gegen das

Dritte Reich, wurde Tucholsky – scheinbarer Bundesgenosse von jeher – im Tode und durch den Tod abtrünnig.

Man hat ihn oft mit Heine verglichen und sein Leben als Heine-Schicksal im 20. Jahrhundert bezeichnet. Wie bei Heine gab es auch hier den Zwiespalt des Juden und Deutschen, das Schwanken zwischen der Heimat und Frankreich. Wie Heine verstand auch Tucholsky seine Dichtung als ein Trommeln zur Menschheits-Reveille. Auch bei Heine gibt es diese höchst eigentümliche Mischung aus Aufklärung, Romantik und Sozialismus. Aber die Aufklärung, die Heine kennengelernt hatte, schloß den Jakobinismus in sich und Hegel; seine Romantik war noch echt; sein sozialistisches Denken wurde durch Gespräche mit den leibhaftigen Marx und Engels angeregt.

Tucholsky erlebte nicht mehr den jakobinischen Bürger als Citoyen, sondern den modernen Bourgeois. In einer vorzüglichen Rezension über den Roman »Babbitt« von Sinclair Lewis aus dem Jahre 1925 gibt er sich darüber Rechenschaft. Der Vorgang ist ihm klar: die Buddenbrooks sind durch die Babbitts abgelöst worden. Die heutigen Wendriners von 1925 hätten es jedoch nicht begriffen: »Aber nimmermehr begreift Herr Wendriner, daß auch er ein Babbitt ist; daß auch seine Vorstellungen, Gedanken, geläufigen Begriffe so lächerlich wirken können, wenn man sie still und freundlich aufreiht, ohne etwas dazu zu sagen; daß es gerade die Dinge sind, die ihm selbstverständlich erscheinen, über die er gar nicht mehr diskutiert, und die in ihrer Würde so unbegreiflich albern sind; daß seine Dresdner Bank, sein Opernball, seine Literatur, seine Symphoniekonzerte, seine elektrische Wohnungseinrichtung und seine Geschäfte genau, genau, genau dasselbe Maß an Widersinn und Sinnlosigkeiten ergeben, wie es bei Babbitt der Fall ist.«

Babbitt oder Wendriner an Stelle der Citoyens. Romantik als Lüge oder als ranzige Neuromantik an Stelle der ersten romantischen Schule. Josef Wissarionowitsch Stalin an Stelle von Karl Marx. Auch davon spricht Tucholskys Abschiedsbrief an Arnold Zweig. Bei Heine die Nachtgedanken an Deutschland. Bei Tucholsky das Gedicht über den Park Monceau in Paris:

> Hier ist es hübsch. Hier kann ich ruhig träumen.
> Hier bin ich Mensch – und nicht nur Zivilist.
> Hier darf ich links gehn. Unter grünen Bäumen
> sagt keine Tafel, was verboten ist.
>
> Ein dicker Kullerball liegt auf dem Rasen.
> Ein Vogel zupft an einem hellen Blatt.
> Ein kleiner Junge gräbt sich in der Nasen
> und freut sich, wenn er was gefunden hat.
>
> Es prüfen vier Amerikanerinnen,
> ob Cook auch recht hat und hier Bäume stehn.
> Paris von außen und Paris von innen:
> sie sehen nichts und müssen alles sehn.
>
> Die Kinder lärmen auf den bunten Steinen.
> Die Sonne scheint und glitzert auf ein Haus.
> Ich sitze still und lasse mich bescheinen
> und ruh von meinem Vaterlande aus.

Heines Grundphilosoph, den er beim Trommeln nie vergaß, blieb trotz allem Hegel. Tucholsky hielt es mit Schopenhauer, welcher seinerseits den Hegel für einen frechen Unsinnschmierer hielt. Heine blieb bis heute ein europäisches Ereignis und ein deutscher Skandal. Kurt Tucholsky ist nicht zum europäischen Ereignis geworden. Dazu war er, im guten wie im schlechten Sinne, zu deutsch. Er blieb ein deutsches Ereignis *und* ein deutscher Skandal in einem. Aber sein Leiden an Deutschland entsprang dem Leiden an der Welt, die sich als Wille darstellte.

Ein pessimistischer Aufklärer. Das letzte Wort behielt die Tragödie, es blieb dem tragischen Pessimismus. In einem Gedicht von 1925, das die Hymnik Walt Whitmans sowohl parodiert wie imitiert, spricht Tucholsky – diesmal – in Versen, aber nicht als Theobald Tiger, sondern in der bösen Verkleidung als Wrobel, als »Walt Wrobel«. Das letzte Wort dieses Bekenntnisgedichtes heißt: Schmerz.

Fünf Sinne hat mir Gott, der Herr, verliehen, mit denen ich
   mich zurechtfinden darf hienieden:
Gesicht, Gehör, Geschmack, Geruch, Gefühl.
Fünf Sinne für die Unermeßlichkeit aller Erscheinungen.
Unvollkommen ist diese Welt, unvollkommen ihre
   Beleuchtung.
Bei dem einen blakt die eine Laterne, bei dem andern die
   andere.
Sieht ein Maulwurf? Hört ein Dackel? Schmeckt ein Sachse?
   Riecht eine Schlange? Fühlt ein preußischer Richter?
Gebt Licht, Laternen!
Stolpernd sucht mein Fuß den Weg, es blitzen die Laternen.
Mit allen fünf Sinnen nehme ich auf, sie können nichts
   dafür: meist ist es
              Schmerz.

                          (1965)

Retrospektive des bürgerlichen Heldenlebens
Theateransichten vom neunzehnten Jahrhundert

Für den Goldschmied Hicketier im »Bürger Schippel« sind die gesellschaftlichen Konturen klar durchgezeichnet. »Meine Gebiete will ich abgezirkelt nach oben und nach unten.« Der deutsche Bürger des 19. und beginnenden 20. Jahrhunderts lebt in einem deutschen Reich und Bereich, wo man ihm wirtschaftliche Prosperität bewilligt und kulturelle Betätigung anempfohlen hat. Die politische Macht wird von ihm und seinen Deputierten nicht ausgeübt. Das Reich Bismarcks ist eine Föderation fürstlicher Regierungen mit dem Preußenkönig als formalem Oberhaupt nebst Kaisertitel. Hicketier und die Seinen sind es gewohnt, das Jahr 1848 ist bloß noch ein Trauma: damals erlebten die Väter und Großväter nicht so sehr das Scheitern einer bürgerlichen Revolution als die Vision eines revolutionären Proletariats mit verbündeten Bauern und Studenten. Da war es besser, den bourgeoisen Bereich abgezirkelt zu halten sowohl hinauf zur fürstlichen und militärischen Machtsphäre adliger Leutnants, Amtsvorsteher und Landräte wie nach unten: zum »vierten Stand«.

Zuerst hatte sich die Literatur, in Deutschland wenigstens, in dieser Konstellation eingerichtet. Gustav Freytag schrieb für seine nationalliberalen Bürger die Romanepen von Bildung und Besitz des Bürgertums. Stets sorgfältig dreigeteilt, also »abgezirkelt«. In »Soll und Haben« ist es der biedere und ehrliche deutsche Kaufmann, der sich zu wehren hat gegen verlotterte Adelswirtschaft in Oberschlesien und gegen Schacherjuden im Oderviertel von Breslau. In der »Verlorenen Handschrift« erlebt man den bürgerlichen Helden als ordentlichen Universitätsprofessor der klassischen Philologie, der seinen Bürgermann zu stehen hat gegen ehebrecherische Lüste einer leibhaftigen Prinzessin und unwissenschaftliche Manipulationen eines nichthabilitierten Privatgelehrten. Die gleiche Konstellation im damals überaus erfolgreichen Lustspiel »Die Journalisten«, dieselbe Ideologie eines bürgerlichen Juste-Milieu in Freytags klassizistischer Dramaturgie, die sich im Grunde auf das Lebensprinzip reduzieren ließ: »Allzu viel ist ungesund und führt zur Tragik.«

In der ersten Phase jedoch des Übergangs vom Kapitalismus der freien Konkurrenz zum Monopolismus und Imperialismus, etwa seit Beginn der neunziger Jahre, war die sorgfältige Dreiteilung von feudaler und militärischer Obrigkeit, bourgeoiser Mitte und aufbegehrendem Proletariat nicht mehr zu halten. Bei Heinrich Mann im Roman und Carl Sternheim auf dem Theater wird die scheinbare bürgerliche Mittelexistenz als phrasenverbrämte bürgerliche Klassenherrschaft präsentiert. Wenn Hicketier denkt und artikuliert, so verkündet er durchaus nicht Maximen seines Autors. Stets hatte Sternheim, lange vor Horváth und späteren Nachfolgern, die alberne Divergenz von idealistischer Bürgerphrase und – in sehr vulgärem Sinne – materialistischer Transaktion als Mittel zur Vermittlung von gesellschaftlicher Erkenntnis genutzt: im Geschwätz Theobald Maskes über Luther, Schiller und Wagner; als Schwärmerei für Eichendorff und Schumann im Salon einer großindustriellen Villa Hügel, bevor man sich wegen der Erbschaft zerfetzt; in den Tiraden des zum Fabrikherrn avancierten Bürgers Schippel, wenn er die Arbeiter seines Betriebs mit Redensarten in die große und patriarchalische Betriebsgemeinschaft lotsen möchte.

Bei Heinrich Mann wird bereits im ersten »Roman unter feinen Leuten«, der das großbürgerliche Berlin der Jahrhundertwende unter dem Titel »Im Schlaraffenland« als Geschichte von Aufstieg und Fall eines Bel Ami aus der deutschen Provinz beschreibt, die Unhaltbarkeit der einstigen gesellschaftlichen Dreiteilung mit bürgerlicher Mitte demonstriert. Gustav Freytag tritt im Roman unter dem Namen Wennichen auf und wird im Salon der überaus reichen (und jüdischen) Türkheimers nur schnöde abgetan: »Er sah nichts von den Veränderungen der Zeit seit achtundvierzig, als er sein erstes Buch schrieb von dem braven jungen Kaufmann, der sich Eintritt in die gänzlich verrottete Adelsfamilie erzwingt, deren Tochter er merkwürdigerweise heiratet. Auch heute noch lebte Wennichen unter braven feinsinnigen Kaufleuten, die mit übermütigen Junkern und pfäffischen Finsterlingen in edlem, uneigennützigem Kampfe lagen. Der arme Greis dauerte Andreas.«

Die Ära des bürgerlichen Heldenlebens war zu Ende, seit das Bürgertum in seinen wichtigsten und kapitalkräftigsten Repräsentanten erkannt hatte, daß jeder Versuch eines Wiederanknüpfens an liberale Bewegungen und Ideen von einst mit Sicherheit die Revolutionierung der Arbeiterschaft provozieren würde. Darum orientiert sich der »Untertan« Diederich Heßling in Heinrich Manns kurz vor dem Kriegsausbruch 1914 vollendetem Roman am Heldenbild des Kaisers Wilhelm. Heßlings Aufstieg im Roman ist kontrapunktiert zum Abstieg der liberalen Bürger von einst, der Familie Buck. In der berühmten Episode, die Diederich mit Gustchen in der Oper während einer Aufführung des »Lohengrin« schildert, vollzieht sich die naive Identifikation zwischen Schwanenritter, Heldenkaiser und Papierfabrikant von Netzig. Der Schluß der romantischen Oper Richard

Wagners wird genießerisch konsumiert: »Alle diese Kata-strophen, die Wesensäußerungen der Macht waren, hatten ihn erhoben und tief befriedigt.« Die unbotmäßige Braut, die es der Elsa gleichtun möchte, wird belehrt: »›Es hat ei-nen höheren Sinn‹, erklärte ihr Diederich streng. ›Die Ge-schichte mit dem Gral, das soll heißen, der allerhöchste Herr ist nächst Gott nur seinem Gewissen verantwortlich. Na, und wir wieder ihm. Wenn das Interesse Seiner Majestät in Betracht kommt, kannst du machen was du willst, ich sage nichts, und eventuell –‹ Eine Handbewegung gab zu verstehen, daß auch er, in einen derartigen Konflikt gestellt, Guste unbedenklich dahinopfern würde.«

Dennoch geht es nicht an, die gesellschaftskritische Prosa und Dramatik Heinrich Manns und Sternheims als ideologi-sche Überwindung des bürgerlichen Denkens und Verhal-tens zu qualifizieren. Wagnerianer waren sie zweifellos beide nicht, aber Nietzsche erschien ihnen, das ganze Leben und Werk hindurch, als Leitstern. Auch kannten sie die schroffe Trennung zwischen Herrenmoral und Sklavenmo-ral. Sternheim verachtet in seinem Zyklus aus dem »Bürger-lichen Heldenleben« die geprellten Kleinbürger und ari-stokratischen Versager. Aber die Theobald Maske und Paul Schippel – er ist bisweilen nahe daran, in ihnen wirkliche Helden zu sehen, nicht ohnmächtige Schwadroneure eines nach innen wie außen demissionierenden Juste-Milieus.

Es zeigte sich überdies, daß eine Interpretation jener Art von Literatur, für welche Sternheim ebenso einzustehen vermag wie Heinrich Mann, bisher nur dort zu einer kriti-schen Rezeption führen konnte, wo Literatur nicht mehr gleichgesetzt wurde mit bürgerlicher Buchproduktion und Theatertradition. Die sowjetische Literaturkonzeption pflegte von kritischem Realismus zu sprechen und meinte eine Literatur, die geistig und in der Betrachtungsweise der literarischen Vorgänge und Kunstfiguren innerlich gebrochen hat mit der bürgerlichen Ideologie, ohne den berühmten »Ausweg« zu zeigen, den man, unter der Formel vom *sozialistischen Realismus,* gleichzusetzen pflegte mit einer Imitation der russischen Oktoberrevolution von 1917.

Werden solche kritischen Realisten in dieser – nachbürgerlichen – Konstellation auch ihrerseits in eine Mittlerposition gedrängt: zwischen bürgerlichem Realismus des 19. Jahrhunderts und sozialistischer Literatur, so liegt ihre neue Virtualität und Aktualität in dieser Übergangsposition. Dann erlebt Heinrich Mann ebenso wie Sternheim in der DDR eine Form der Anerkennung, die adäquat zu sein scheint der Wirkung und Geltung Tschechows in der Sowjetunion.

Im literarischen und dramatischen Denken der Bundesrepublik hingegen fehlt diese sowjetisch-marxistische Dreigliederung, ohne daß irgendein anderes ästhetisches Prinzip den Ausgleich schaffen könnte. So erzeugen die – zahlreichen und äußerlich erfolgreichen – Aufführungen Sternheims an den Staats- und Stadttheatern meist harmlose Heiterkeit, aber durchaus nicht Betroffensein bei den Hicketiers und Schippels im Parkett. Heinrich Mann hingegen, dessen Diktion und Thematik sich solcher Vereinnahmung stärker widersetzt, ist immer noch wohlwollender Indifferenz ausgesetzt: das bewies der hundertste Geburtstag im März 1971. Auch das hat Heinrich Mann natürlich gewußt. »Immer wenn Deutschland einen Weltkrieg verliert«, soll er nach 1945 erklärt haben, »wird mein Roman vom Untertan neu aufgelegt.«

Vielleicht hängt es mit solchen Mißverständnissen zusammen, die weniger mit Unzulänglichkeiten der ästhetischen

Reflexion zu tun haben als mit der restaurativen Struktur, auch des kulturellen Lebens in der Bundesrepublik, wenn in der Spielzeit 1970/71 als Korrektur mehrfach Versuche auf dem Theater unternommen wurden, eine Literatur des bürgerlichen 19. Jahrhunderts neu zu interpretieren, die ausdrücklich darauf aus war, das naive bürgerliche Dreigliederungsschema des Goldschmieds Hicketier, des Dramatikers und Romanciers Gustav Freytag und des Papierfabrikanten Diederich Heßling zu demonstrieren.

Erster Theaterabend. Wagner ohne Wagner
(»Der Ring des Nibelungen« in München)

Für das Werkraumtheater der Kammerspiele in München hatten Christian Enzensberger und Ulrich Heising eine dramaturgische Bearbeitung von Wagners Ring-Tetralogie vorbereitet, die es erlaubte, den Gang der Handlung, befreit von Episoden und psychologischen Details, wie natürlich auch von der Ausführlichkeit der interpretierenden und antizipierenden Musik, auf die Dauer eines üblichen Schauspielabends zu reduzieren. Daß nicht Parodie beabsichtigt war, zeigte sich bei der Lektüre des Bühnenmanuskripts. Christian Enzensberger hatte offensichtlich die einschlägige Literatur genau durchgearbeitet. Wenn er eine – freilich stark verkürzte – Fassung der Nornenszene aus dem Vorspiel zur »Götterdämmerung« an den Beginn des Abends stellte, also noch vor den Raub des Rheingolds durch Alberich, so handelte er dabei nicht willkürlich, sondern folgte dem geheimen Strukturprinzip Wagners, der die eigentliche Katastrophe, die schließlich alle anderen nach sich zieht, nicht in der Tat Alberichs anlegt, sondern – wovon die Nornen berichten – in Wotans Frevel an der Weltesche. Der Gott macht den Lebensbaum verdorren, als er daraus seinen Speer schneidet, der von nun an einzustehen hat für Verträge, Gesetz, zwischenmenschliche Gesittung.

Von belanglosen Einzelheiten abgesehen (und von der bedeutsamen Variante, daß die Bearbeiter den Schluß nicht von der vollendeten Fassung des Nibelungenrings herleiten, sondern aus Wagners frühem Entwurf des Dramas »Siegfrieds Tod« vom Jahre 1848), ist der auf der Münchner Schauspielbühne gesprochene Text identisch mit Wagners Libretto.

Heiterkeit war zu erwarten beim Publikum, dem die Stabreime des Musikdramatikers aus Leipzig nicht mehr übertönt wurden durch Sängergeschrei und Nibelungenorchester. Gelächter setzte ein, als der Nornen Dreizahl auf der Bühne erschien, mausgrau und spitzig und mit dem Gehaben von Küchenherrscherinnen aus kleinbürgerlicher Sphäre. Der Kontrast zur Stabreimpoesie war drollig. So erschienen die ersten Szenen als Exposition zu einem abendfüllenden Jux. Das änderte sich bald. Die dramatischen Auseinandersetzungen wurden jäh als ernsthafte dramatische Handlung verstanden; Wagners formale Anleihen bei Edda und Nibelungenlied hörten auf, als Schrulle und Spinnerei zu wirken. Nur manchmal, wenn Therese Giehse besonders schöne Stabreime auszuspucken schien, kam wieder Heiterkeit auf.

Trotzdem vermochte Wagners Verfremdungsprinzip zu wirken. In dramaturgischer Hellsicht hatte der Schöpfer der Tetralogie seinen Versuch, die eigene *bürgerliche Umwelt* von 1848 zu *mythologisieren*, mit Hilfe einer Sprachform realisiert, die alle Reminiszenz an überlieferte Ausdrucksformen der Tragödie vermied und daher genötigt war, vorbürgerliche und sogar archaische Sprechweisen neu zu beleben.

Der Mißerfolg jenes Abends in München war nicht der Bearbeitung zuzuschreiben, auch nicht einer Unmöglichkeit, den Nibelungenring Richard Wagners an anderer Stelle zu akzeptieren als auf der Opernbühne. Eine ernsthafte Überlegung und Vorarbeit, die keineswegs an Parodie und Faxen gedacht haben mochte, scheiterte an der Unfähigkeit der Bearbeiter und vor allem des Regisseurs Ulrich Heising, den gesellschaftlichen Standort Richard Wagners und der Ringdichtung zu verstehen. Was als kritische Neudeutung angelegt sein mochte, entartete zum kurzschlüssigen und *vulgär-marxistischen Soziologismus*.

Im Programmheft wurde ein »Schlüssel« zu Wagners Hauptgestalten gegeben. Das liest sich wie die Geschichte eines Schlüsselromans, wo die Figuren selbst keine Bedeutung haben, da mit ihnen etwas ganz anderes »gemeint« sein soll. Es ist nötig, diesen Münchner Werkraum-Schlüssel zu Wagners Dramaturgie abzudrucken:

Ring	– Kapital
Alberich	– Kleinbürgertum, aufsteigend, industrielle Revolution
Wotan	– Monarchie, aufgeklärt
Fricka	– Monarchie, restaurativ
Fasolt/Fafner	– Großgrundbesitz
Loge	– Diplomatie, monarchistisch
Sieglinde/Siegmund	– bürgerliche Revolution, bis März 1848
Brünnhilde	– Militär
Mime	– Kleinbürgertum, absterbendes Handwerk

Siegfried	– bürgerliche Revolution, Nachmärz, Bismarckismus
Hagen	– Kleinbürgertum, radikalisiert
Gunther/Gutrune	– Feudalismus, kleinstaatlerisch

Es ist alles Unsinn und stimmt weder mit den sehr erklärten und nachdrücklich durch Selbstinterpretation belegten Thesen des Autors überein, noch mit der geschichtlichen Situation von 1848 bis 1855. Was als Entlarvung bürgerlicher Ideologie in München geplant sein mochte, erweist sich auf weite Stellen hin als reaktionäre Verleugnung eines revolutionären Ursprungs. Ersichtlich ging es Heising darum, den Weg Richard Wagners vom Revolutionär des Jahres 1848 über den deutschen Nationalisten von 1871 zum Künstler des feudalistisch-bürgerlichen Establishments von 1876 deutlich zu machen. Allein der »Ring des Nibelungen« bleibt, gerade wenn man den Schluß in der ursprünglichen Konzeption spielt, das Werk einer antikapitalistischen und utopisch-sozialistischen Sehnsucht. Allenthalben wird die bürgerliche Welt im Text nicht bestätigt, sondern decouvriert. Von den Rheintöchtern über Zwerge, Riesen, Götter und Helden: lauter betrogene Betrüger. Der Schluß aber des Rings, so wie ihn Wagner in der ersten Fassung konzipierte und wie er in München auch gesprochen wurde, ist ein Programm der antibürgerlichen Emanzipation:

> Ihr Nibelungen, vernehmt mein Wort!
>   eure Knechtschaft künd' ich auf:
> der den Ring geschmiedet, euch Rührige band, –
>   nicht soll er ihn wieder empfah'n, –
>   doch frei sei er, wie ihr!

Denn dieses Gold gebe ich euch,
weise Schwestern der Wassertiefe!
Das Feuer, das mich verbrennt,
rein'ge den Ring vom Fluch:
ihr löset ihn auf und lauter bewahrt
das strahlende Gold des Rheins,
das zum Unheil euch geraubt! –
Nur einer herrsche:
Allvater, Herrlicher du!

Das Gegenteil davon wurde in München interpretiert. Bei Wagner ist Siegmund in der »Walküre« ein schweifender, gejagter, auch gewalttätiger Freiheitsheld der individuellen Aktion. Mythologisierung der Volkssehnsucht vom großen Verbrecher, der den Armen hilft und Individualjustiz als Gerechtigkeit übt, dabei zur Strecke gebracht wird. Der ewige Störtebecker und Schinderhannes. In München erschien ein krähender Korpsstudent mit Band und Mütze und mit dem Gehaben des Untertans Diederich Heßling auf der Bühne. Wagner mochte an Studenten auf den Barrikaden von Dresden, Berlin und Wien gedacht haben, als er Siegmund und Siegfried konzipierte: die Verächter und Brecher der bürgerlichen Lebensformen. In München erhielt man, und ohne Musik, das Zerrbild des Sohnes einer herrschenden Klasse. Inszenierung, Diktion und Handlung präsentierten sich als schlimmes ideologisches Durcheinander. Der Hauptfehler des Unternehmens lag darin, daß die Analyse bei einem Werk, das immerhin von der *bürgerlichen Ökonomie* handelt und ihren Gesetzen, die Deutungssphäre nicht dem »Ensemble der gesellschaftlichen Verhältnisse« (Marx) entnahm, sondern lediglich dem *politischen Überbau*. So deklassierte man Helden der bürgerlichen Revolution, die ein gescheiterter Revolutionär entworfen hatte, zu Karikaturen aus dem bürgerlichen Heldenleben von Carl Sternheim.

Erster Exkurs: Episches Theater bei Richard Wagner

In einer Rede über die »Kunst des Romans« (1939) hat sich Thomas Mann gefragt, warum die deutsche Erzählliteratur des 19. Jahrhunderts keine Gegenstücke hervorbrachte zum Romanschaffen der Engländer, Franzosen, Amerikaner und Russen. Seine Antwort lautete: »Der Beitrag Deutschlands zur Monumental-Kunst des neunzehnten Jahrhunderts ist nicht literarischer, sondern musikalischer Art – höchst charakteristischerweise. Es wären die merkwürdigsten zeitpsychologischen Gemeinsamkeiten aufzuweisen zwischen dem Wagnerschen Monumentalwerk und der großen europäischen Romankunst des neunzehnten Jahrhunderts. Der Ring des Nibelungen hat mit dem symbolischen Naturalismus der Rougon-Marquart-Serie Émile Zolas viel gemein – sogar das ›Leitmotiv‹.«

Für diese These spricht mancherlei. Sie vermag zum Beispiel zu erklären, warum Bernard Shaw in seiner literarischen Entwicklung stets auf die Einflüsse Ibsens *und* Richard Wagners zu verweisen pflegte. Andererseits sind die für Ibsen charakteristischen sozialkritischen Schauspiele, seit den »Stützen der Gesellschaft«, streng nach den Theaterrezepten der Pariser Boulevardtradition gebaut: die berühmte Exposition, die alle wichtigen Figuren aus Anlaß irgendeines Festes oder Gedenktages zusammenführt, den Pomp einer Scheinharmonie ausbreitend, die dann im Verlauf der Handlung von Grund auf decouvriert und demoliert wird.

Bei Richard Wagner hingegen wird die Enthüllungstechnik nicht als dramatische Handlung praktiziert, sondern mit Hilfe eines Dualismus von Wort und Ton, dramatischem Geschehen auf der Bühne *und* leitmotivischer Verknüpfung des vielfach geteilten Orchesters. Der Zwerg Mime lügt in seiner Rede, aber die kunstvolle Leitmotivik verrät dem Hörer, der sich beim Bayreuther Meister auskennt, was wirklich gedacht wird. Tristan schweigt vor König Marke, doch das Orchester betreibt gleichsam Innenschau und Präsentation von Psychogrammen.

Die Leitmotivik Richard Wagners nämlich, das hatte der Erzähler Thomas Mann während der Arbeiten an »Buddenbrooks« begriffen, regiert seinen epischen Kosmos mit Hilfe einer durchaus bürgerlichen Hilfswissenschaft: der *Psychologie*. Weshalb der »Ring des Nibelungen« nicht bloß Mythologisierung bürgerlicher Zustände sein mußte, sondern mitten im scheinbar mythologischen Geschehen genötigt war, die Psychologie des bürgerlichen Romans auch innerhalb mythischer Musikdramatik zu praktizieren. Dadurch erst, nämlich als Kollaboration zwischen mythologischer Handlung und orchestraler Psychologie, vermochte sich jene epische Monumental-Kunst aufzubauen, die Thomas Mann nicht ohne Bedacht mit Dickens und Dostojewski, Melville oder Flaubert konfrontierte.

Indem das Münchner Experiment jedoch davon ausging, was nicht ohne Reiz schien, die mythologisierte Bürgerlichkeit bei Wagner dadurch wiederherzustellen, daß sie den *Mythos von neuem verbürgerlichte* und den aus »Rheingold« geschmiedeten Reif im Symbol der drei Krupp-Ringe konkretisierte, die Musik aber aussparte, mithin Wagner ohne Wagner auf die Bühne brachte, zerstörte sie das komplizierte und in vielem antizipatorische Gebilde eines epischen Theaters, um die Banalität eines knapp gebauten »bürgerlichen Trauerspiels« zurückzubehalten.

Zweiter Theaterabend. Ibsen – fast ohne Grieg (Peer Gynt in Berlin)

Der umgekehrten Methode – Episierung von bürgerlicher Dramatik – bediente sich Peter Steins Ensemble in *Berlin*, als es den Peer Gynt mit Mitteln des epischen Theaters als eine »schöne Geschichte« aus dem bürgerlichen 19. Jahrhundert an zwei Abenden vorführte. Ein Vergleich der *Bremer* Aufführung des Stückes im Jahre 1968 durch Kurt Hübner – mit Michael König, der diesmal an der Berliner Schaubühne als einer von acht Peers (als »Herr der Berge«) wieder dabei war – mit dieser Berliner episch-dramatischen Schau repräsentiert zwei kontrastierende Interpretationen des Ibsen-Schauspiels. In Bremen wurde das Stück von der Titelfigur her inszeniert. Siegfried Melchinger hatte damals in seinen kritischen Bedenken vom Peer als einem »negativen Helden« gesprochen, der »primär satirisch zu spielen sei«. Hübner und König hingegen waren offenbar darauf aus, die Wandlung eines Lügenbeutels, der sich aus Misere und Mißgeschick in Lügenträume (oder Dichterträume) flüchtet, zum Hochstapler der großen Welt, zwischen fabelhaften Gewinnen und jähem Bankrott, als ständige Prägung eines Menschen durch wechselnde gesellschaftliche Milieus zu deuten. Peer war niemals bei Ibsen und in dieser Inszenierung ein »Held«: weder positiv noch negativ. Er blieb stets typischer Durchschnitt. Die Lügengeschichten des wirtschaftlich rückständigen Bauernmilieus waren ebenso gesellschaftlich stellvertretend wie die Angebereien und Bluffs eines waghalsigen Geschäftsmannes aus dem 19. Jahrhundert, der von Haus aus kein ererbtes Kapital ins Geschäft einbringen kann.

Dennoch gelang die Demonstration in Bremen nur zum Teil, obwohl Wilfried Minks, um das Durchschnittliche des Vorgangs zu unterstreichen, alle Episoden vor einem gewaltigen Fries von babyhaften Spießerfiguren ablaufen ließ. Der innere Bruch bei Ibsen wurde dadurch evident: daß eine durchaus nicht heldenhafte, sondern verdinglichte Lebensgeschichte trotzdem als – offenbar bedeutsames – Individualgeschehen und als Turnus eines Menschenlebens über Jugend, Mannesalter und Vergreisung bis zum Tode dargeboten wurde.

In Bremen kam man ohne Musik aus und hatte demonstrativ das unheilvolle Bündnis zwischen Henrik Ibsen und Edvard Grieg gekündigt. Am Halleschen Ufer in Berlin wird viel Musik aus dem 19. Jahrhundert nebst manchem Klanggeschehen von heute mitgeliefert, immer wieder auch ein bißchen Grieg, dessen »Morgenstimmung« sogar als bescheidenes Leitmotiv mittun darf.

Dafür sind zwei scheinbar nur dramaturgische Einfälle in Wahrheit zu verstehen als soziologische Neuinterpretationen des Stückes mit dem Ziel, immer weiter wegzuführen vom Individualgeschehen zugunsten einer Präsentation von gesellschaftlichen und geschichtlichen Verhältnissen. Damit wird die Geschichte des Helden oder Antihelden Peer als Vorführung einer Epoche verstanden.

Die beiden Hilfsmittel sind: *Ausführlichkeit* und *Typisierung*. Indem nicht mit Rezepten einer bewährten Theaterdramaturgie zusammengestrichen wird, sondern umgekehrt jede Episode ergiebig ausgespielt werden kann, denn man hat viel Zeit an zwei Abenden, setzen sich die *epischen*

Elemente frei: beim frühen Ibsen jedenfalls, der noch sechs Jahre nach dem »Peer Gynt« das historische Riesenfresko vom »Kaiser und Galiläer« entwarf, ehe er sich endgültig den französischen Theaterkniffen überließ.

Damit aber gerät dieser riesige epische Theaterabend im Zeichen Ibsens in *unmittelbare Nähe zur Ring-Tetralogie Richard Wagners*. In beiden Fällen wurde ausführlich der Übergang vom scheinbar »natürlichen Leben« der bäuerlich-vorbürgerlichen Verhältnisse in die für Menschen und Natur zerstörerische Entwicklung des modernen Kapitalismus dramatisch gestaltet. Wagners Rheintöchter in der Flußtiefe gehörten zur Familie der selbstzufriedenen gutbäuerlichen Trolle bei Ibsen. Nur hatte Ibsen auch die Mythen und Märchen, Lügen und Tagträume der armen Leute in Norwegen in bürgerlichen Unternehmergeist verwandelt, wo jede Lüge gleichzeitig die Möglichkeit in sich schloß, als geschäftlicher Bluff kapitalisiert zu werden.

Neben der epischen Ausführlichkeit die dramaturgische Methode der Typisierung. Verstanden als Ent-Individualisierung. Die Alltagstrivialität in der Geschichte des Peer Gynt war nur dann zu demonstrieren und vor dem Mißverständnis zu bewahren, positiv oder negativ heldisch interpretiert zu werden, *wenn man dem Theaterbesucher die Einfühlung verbot*. Steht eine Zentralfigur den Abend über alle Episoden durch, mal jugendlich und mal greisenhaft geschminkt, so ist Anteilnahme unvermeidlich. Jede Episode erhält aus dem Kontext eine »Bedeutsamkeit«, die sie gar nicht besitzt.

Peter Stein bietet an zwei Abenden in *acht Episoden* und mit Hilfe von sechs Schauspielern immer wieder einen »anderen« Peer. Gelegentlich läßt er den Übergang von der einen zur anderen Episode durch zwei Schauspieler als Kommen und Gehen vorführen. Dadurch wird zweierlei demonstriert: die Substanzlosigkeit der Figur *und* ihre totale Abhängigkeit von den jeweiligen gesellschaftlichen Konstellationen.

Dennoch zerfällt das nicht in Pluralismus oder maskenhaftes Spiel mit kollektivistischen Gedankengängen. Die dialektische Einheit wird mit legitimen Bühnenmitteln dadurch hergestellt, daß jeder dieser verschiedenen Peers mit allen anderen eine *spezifische Art des Sprechens* gemein hat. Dieses Sprechen aber, vor allem am zweiten Abend, der Peer in die Welt der großen Geschäfte und Pleiten führt, ist durchaus nicht individuell und charakteristisch, sondern gesellschaftlich-typisch: all diese Peers sprechen als angeberische, herrische, dann wieder wehleidige Herrenmenschen eines freien und skrupellosen Unternehmertums.

Zweiter Exkurs: Bürgerliche Identitätsprobleme

Es sei erlaubt, an dieser Stelle – da es sich um die Bedeutung des Berliner »Peer Gynt« für die Interpretation bürgerlicher Heldengeschichten aus dem 19. Jahrhundert handelt – ein paar Anmerkungen zum Bremer »Peer Gynt« (Theater heute, August-Heft 1968) zu wiederholen. Es hieß damals: »Peers Klischee ist das der *bürgerlichen Individualität.* Er möchte in all seinen schwächlichen Untaten ›er selbst sein‹. Nichts trifft ihn tiefer als die nüchterne Konstatierung des Knopfgießers: gerade das sei er niemals gewesen. Ibsen aber geht noch weiter. Mitten in der Ära eines persönlichkeitsstolzen Bürgertums demonstriert er an allen Figuren des Stückes, nicht allein am Peer, das Durchschnittliche und Epigonale dieser ›gefestigten Persönlichkeiten‹. Die pflegten in Deutschland recht gern sich auf Goethe zu berufen und den Spruch von der Persönlichkeit als höchstem Glück der Erdenkinder. Daß Goethe an jener Stelle des ›Divan‹ den Konjunktiv gewählt hatte – ›sei doch die Persönlichkeit‹ –, nahm man nicht so genau. Die Trolle kommen bei Ibsen gut weg. Sie nehmen sich so, wie sie sind, und sie sind ›sich selbst genug‹. Ganz großbäuerlich, behäbig, selbstzufrieden. Peer ist zwar zu unruhig und ehrgeizig, um bei ihnen auszuharren, doch gar nicht mit Unrecht betrachten sie ihn nach wie vor als einen der Ihren. In der Blocksbergspresse wird, wie der Dovre-Alte berichtet, rühmend über Peer Gynt referiert.

Lauter Möchtegern-Persönlichkeiten in diesem bösen Stück. Wirkliche Individualitäten, das hat der Berliner Irrenarzt Dr. Begriffenfeldt jäh erkannt, nachdem er selbst wahnsinnig geworden war, gibt es nur unter den Irren. Die leben nomadenhaft abgeschlossen in ihrer Eigenwelt und sterben auch für ihren Sparren: der Fellache und Hussein. Sie alle bilden eine Einheit aus Leben und Sein. Peer Gynt tut es ihnen keineswegs gleich. Auch hier geht er, als Opportunist und Zeitgenosse einer Gesellschaft von Opportunisten, nach dem Rezept des großen Krummen wieder einmal ›außen rum‹.«

Damit erweitert sich die Neuinterpretation eines Stückes von Ibsen aus dem Jahre 1867 zur Auseinandersetzung über die Möglichkeiten des heutigen Theaters, irgendeine Form des Heldentums – positive, negative oder sogar durchschnittliche Heroen – zu präsentieren *und* gleichzeitig die überlieferten Begriffe und Klischees des bürgerlichen Individualismus zu verwerfen. In erzählender Literatur entzündete sich die Debatte an Max Frischs Roman vom Bildhauer Stiller, der es nicht sein wollte und klischeehaft gerade dadurch wirkte, daß er *nicht mehr* darauf bestand, die Charaktermaske Stiller weitertragen zu müssen.

Der »offene Brief« Adornos an Rolf Hochhuth behandelte nichts anderes als die Negation zeitgenössischer Dramatik, welche immer noch sogenannt große Individuen, mitten in einem Zustand äußerster Entfremdung, als bloße »Sprachröhren des Zeitgeistes« (Karl Marx) präsentiert. Adorno wies hin auf Menschen von heute, »welche der Welt Lauf an der Individuation verhindert«, und setzte einigermaßen spöttisch als einer, der sich bei Hochhuth auskennt, hinzu: »Sie stellen sich immer noch vor, daß man eine faszinierende Szene aus Stalin und Truman in Potsdam machen könnte.«

Hatte das Münchner Experiment mit Richard Wagner die epischen Möglichkeiten verkannt und damit nur noch banale Dramatik zurückbehalten, die nichts aussagte außer Mißverständnissen, so bewirkte umgekehrt der Berliner »Peer Gynt« just dadurch Einsicht in bürgerliche Entfremdungsprozesse des 19. Jahrhunderts, daß ein dramatisches Konzept eigentümlicher Art, ausdrücklich aller dramatischen Spannung beraubt und episiert, beides gleichzeitig demonstrierte: Entfremdung wie Kritik der Entfremdung.

Dritter Theaterabend. Strindberg ohne Ibsen
(»Gespenstersonate« in Stuttgart)

In Bremen hatte sich Kurt Hübner eine Neuübersetzung des »Peer Gynt« durch Karsten Schälike anfertigen lassen; in Berlin hielt sich Peter Stein, vor allem in den Verspartien, weitgehend an die frühe Übersetzung von Christian Morgenstern. In Stuttgart stellte sich Schälike abermals mit der Neuübersetzung eines altbekannten Schauspiels vor. Diesmal hatte er Strindbergs »Gespenstersonate« aus dem Schwedischen übertragen. Hans Neuenfels inszenierte das Opus drei aus dem Zyklus der Kammerspiele, die Strindberg entwarf, nachdem er zusammen mit A. Falck das »Intima teatern« gegründet hatte, um überhaupt eine Chance zu haben, in Stockholm seine Stücke auf die Bühne zu bringen.

Ibsen war deklarierter Patron der *naturalistischen* Ära. Jede Aufführung eines neuen Schauspiels von Gerhart Hauptmann seit der Jahrhundertwende wurde von den auf den Ibsenschen Realismus eingeschworenen Berliner Kritikern, vor allem natürlich von Alfred Kerr, dazu genutzt, den Schlesier am Werk des Meisters aus Norwegen zu messen und – meistens – abzuwerten. Das war ein sinnloses kritisches Bemühen insofern, als Ibsens Dramatik, die weit weniger kosmopolitisch war, als man gemeinhin annahm, trotz ihrer Boulevardtechnik, und die niemals die norwegischen Verhältnisse aus dem Auge verlor, noch in den über geistiges »Adelsmenschentum« meditierenden Werken der Spätzeit stets *Aufklärung* zu bleiben gedachte. Die Akzentuierung war nur insofern verändert, als Ibsen in den gesellschaftskritischen Texten, die er nach »Peer Gynt« schrieb, Reform von Zuständen und Institutionen postulierte, später wohl eher diejenige von Bewußtseinszuständen. Gerhart Hauptmann hingegen blieb auch in seinen Anfängen niemals ein Aufklärer oder gar Gesellschaftsreformer. Schon im Vorwort zu einer Sammlung seiner Schauspiele aus dem Jahre 1906 bekannte er sich zum Grundsatz einer poetischen Entscheidungslosigkeit. Ibsens Schauspiele enden meistens als geschlossene Form, mit harter Lösung, auch wenn nur selten, wie in der »Wildente«, ein Schuß fällt. Hauptmann übernahm – weitgehend mißverstanden – von

Georg Büchner die Attitüde des Mitleids, das ohnmächtige Achselzucken. »Das Mädel… was muß die gelitten han!«, sagt am Schluß einer über die Geschichte der »Rose Bernd«.

August Strindberg hat zwar die Dramaturgie des französischen Erfolgstheaters in ihrer nordischen Adaptation bei Ibsen genau studiert – Stücke wie »Der Vater« oder »Totentanz« sind handwerksmäßig ganz vorzüglich gebaut –, aber die gesellschaftliche Konkretheit Ibsens wird immer mehr vernachlässigt. An die Stelle scharfer sozialer Konturierung bei Ibsen tritt die Abstraktion, so daß die Figuren bei Strindberg häufig keinen Namen mehr und konkreten Zivilstand haben, sondern auf dem Zettel bezeichnet werden (etwa in der »Gespenstersonate«) als der Student, der Oberst, die dunkle Dame, das Fräulein. Einen Namen freilich hat in der »Spöksonaten« der Direktor Hummel, aber gerade dieser Name ist falsch.

Der Geist des Aristokratismus beim späten Ibsen verwandelt sich bei Strindberg in ein sonderbares mystisches Amalgam der Weltreligionen, wobei das Symbol etwa des »großen Buddha-Bildes, mit einem Wurzelknollen zwischen den Knien« (dritter Akt der »Gespenstersonate«) häufig nur arabeskenhafte Andeutung bewirken möchte, aber keine eigentliche dramaturgische Funktion besitzt.

Es war evident, daß sich der deutsche *Expressionismus,* in Abkehr von Ibsen, an diese Strindberg-Dramatik gehalten hat, die alles vorwegnahm, was bei Georg Kaiser und den Seinen wiederkehren sollte: Theater als Nachahmung der Passion mit Stationen, Abstraktion eines Mysterienspiels, wo jede Figur nur noch einen Status verkörpert ohne Individualität, Kammerspiel als nervöser Genuß beim Anblick von nervösem Geschehen. Bei Ibsen hatte es höchst reale

Bürger gegeben mit Bürgerinteressen, Karrieresorgen, verschwiegenen Verbrechen und Lebenslügen. Bauern gab es da kaum, seit Ibsen sich lossagte von der Trollwelt des »Peer Gynt«. Norwegen war ein Land der Bauern und Bürger, ohne sehr reiche Menschen.

Strindberg ist in Haßliebe fixiert an die schwedische Adelsgesellschaft mit ihren subtilen gesellschaftlichen Abstufungen zwischen Adelsglanz, bürgerlichem Wohlstand, Kleinbürgermisere und einer Domestikenwelt, die sich rekrutiert aus Söhnen und Töchtern der armen Bauern. Aber Strindberg weicht, weil er diese Welt nicht von außen sieht und negiert wie Ibsen, sondern innerlich von ihr nicht loskommt, dieser Konkretisierung aus ins »Allgemein-Menschliche«. So konnte er zum Patron der Expressionisten werden. Indras Tochter verwechselte im »Traumspiel« mit der berühmten Klage, es sei schade um die Menschen, die bürgerliche Misere mit der Condition humaine.

Natürlich wird hier, besonders beim späten Strindberg, die Requisitenkammer weit geöffnet, aus welcher sich die Expressionisten zu bedienen pflegten. Abstraktion und Einfühlung gleichzeitig. Daß diese Welt, die den sozialen Antagonismus übersah infolge ihrer Fixierung an den »Kampf der Geschlechter« oder an die Auseinandersetzung zwischen Vätern und Söhnen, jene Lebensformen reproduzierte, denen Sigmund Freud seine Erkenntnisse abgewann, war gleichfalls evident.

Diesen Ansatzpunkt hat Hans Neuenfels als Regisseur der »Gespenstersonate« in Stuttgart gewählt: Darstellung eines Gesellschaftszustandes, wo nicht mehr gekämpft wird, alles austauschbar wurde, die Klassengegensätze zu verschwinden scheinen hinter psychopathologischen Verhaltensweisen. Natürlich kann einer, mit Neuenfels, in einer solchen

Dramatik, auch von *Manierismus* sprechen, wenngleich man diesen Begriff aus der Kunstgeschichte dadurch gleichfalls einigermaßen fetischisiert. Indem die Aufführung bei Strindberg vor allem dies herauszufinden suchte: Manierismus, dramaturgische Parallelen zu späteren Bildern von Chirico und Max Ernst, psychoanalytischen Symbolismus, verfehlte sie offenbar, was einzig die Rechtfertigung gewesen wäre für eine Neuaufführung der »Gespenstersonate«: die Darstellung eines Verdinglichungsprozesses, worin sich konkrete soziale Konflikte – scheinbar – in pseudoreligiöse Menschheitsprobleme verwandelt haben. Es kam noch etwas an jenem Abend hinzu. Im Bemühen, manieristische Züge bei Strindberg sichtbar zu machen, inszenierte Neuenfels schließlich nicht mehr diesen Strindberg als Primärliteratur, sondern sozusagen das Manierismus-Buch von Gustav René Hocke als Sekundärliteratur. Auch an den im Off gesprochenen Freud-Kommentaren während der Aufführung wurde diese Tendenz spürbar: eine Interpretation zu inszenieren, statt des auf dem Zettel verzeichneten Theaterstücks.

Dritter Exkurs: Herrschaft und Knechtschaft

Ibsen liebte das bewährte Theaterschema mit einem festlichen Abend als Exposition, wo alles vorgestellt und gleichzeitig demaskiert werden kann. Der Student in der »Gespenstersonate« schildert am Schluß seinen eigenen Vater bei einem solchen Vorgang: »Na ja, bei Tisch bricht er das Schweigen, greift zum Glas und hält eine Rede… Da lockerten sich die Sperrhaken, und in einer längren Ausführung entkleidete er die ganze Gesellschaft, einen nach dem andern, sagte ihnen all ihre Falschheit ins Gesicht. Und müde setzte er sich mitten auf den Tisch und bat sie, zur Hölle zu fahren!«

Aber dieser Vorgang ist bei Strindberg das Tun eines Umnachteten. Doch dann führt der Student die Bilanz des Stückes in ganz anderer Weise vor: »Hier ist etwas am Verfaulen! Und ich glaubte, das ist das Paradies, als ich Sie hier das erste Mal eintreten sah… Da stand ich Sonntagmorgen und sah hier rein; ich sah einen Oberst, der kein Oberst war, ich hatte einen Wohltäter, der ein Bandit war und sich aufhängen mußte, ich sah eine Mumie, die keine war, und eine Jungfrau, apropos, wo findet man Jungfräulichkeit? Wo findet man Schönheit? In der Natur und in meinem Kopf, wenn er in seinen Sonntagsputz gekleidet ist! Wo findet man Ehre und Treue? In Märchen und in Kindervorstellungen! Wo findet man, das hält, was es verspricht?… In meiner Phantasie! –«

Gewiß gibt es bei Strindberg auch, mit grimmiger Konsequenz über Ibsen hinausgeführt, die *Zweifel an der bürgerlichen Identität*. In dieser »Gespenstersonate« ist keiner, was er zu sein vorgibt: Adelstitel, Offizierspatente, Pässe, alles falsch. Vor allem wurde alles austauschbar.

Hier ist Strindberg in seinem Element. Als »Sohn einer Magd« und eines deklassierten Bürgers bleibt er fasziniert von den Gegensätzen der Herrschaft und Knechtschaft. Damit aber fixiert an vorbürgerliche, halbfeudale Gesellschaftsverhältnisse. Es gibt bei Strindberg immer wieder Herren und Knechte, die Kochmamsell ist in der »Gespenstersonate« die geheime Herrin über ihre Herrschaft, allein es gibt keine Proletarier und Bourgeois. Brecht wußte, warum er die Auseinandersetzung zwischen Herrn Puntila und seinem Knecht Matti in ein halbfeudales Finnland verlegte. Diese Auflösung aber des einstigen Antagonismus von Herr und Knecht zugunsten der bürgerlichen »Gleichheit« von Bürgern und Proletariern: das rechtfertigte eine Neuinterpretation Strindbergs und seiner Ansichten von einer gesellschaftlichen Übergangszeit. Eben diesen wirklich relevanten Konflikt aber ließ man in Stuttgart ungespielt. Statt den Vorgang einer gesellschaftlichen Entfremdung einsehbar zu machen, wie es in Berlin mit »Peer Gynt« gelang, verfremdete man den Verfremdungsprozeß mit Hilfe von Manierismen und Psychologismen.

Folgt man den Geboten einer »Negativen Dialektik«, die nicht erlaubt, daß man sich ein Bildnis mache von zukünftigen anderen und besseren Gesellschaftszuständen, so muß sich jede theatralische Darstellung bürgerlichen Lebens aus dem 19. Jahrhundert, ob heldisch oder widerwärtig, darauf beschränken, heutigen Verfall in seinen Vorformen sichtbar zu machen, mithin auch verstehbar. Interpretiert man hingegen die bürgerliche Welt als Übergangszustand, so bietet das Konzept vom »Kritischen Realismus« die Möglichkeit, den Verfall gesellschaftskonkreter zu deuten: als Dekadenz der Bourgeoisie. Eigentümlicherweise aber waren sozialistische Dramatiker wie Gorki und Brecht trotzdem fast ausschließlich inspiriert durch solche Phänomene einer sterbenden Gesellschaft. Gorki ist fasziniert durch Wassa Schelesnowa und Brecht durch den Herrn Puntila. So reproduziert sich – paradoxerweise – bürgerliches Heldenleben selbst noch bei jenen, die ihm nach dem Leben trachten.

(1971)

Hinweise

Gustav Freytags bürgerliches Heldenleben – Erstdruck als Nachwort zu einer Neuausgabe von »Soll und Haben«, München 1977.

Conrad Ferdinand Meyer: Jürg Jenatsch und Bismarck – Erstdruck in: Hans Mayer, Von Lessing bis Thomas Mann, Pfullingen 1959.

Zwischenreich Gerhart Hauptmanns – Erstdruck in: Hans Mayer, Gerhart Hauptmann (Friedrichs Klassiker des Welttheaters Band 23, Velber bei Hannover 1965).

Um Wedekind besser zu verstehen – Geschrieben 1987 für das Deutsche Schauspielhaus Hamburg, Erstdruck August 1987 im Programmheft für »Musik« von Wedekind.

Heinrich Manns Roman »Der Untertan« als Roman des Kaiserreichs – Geschrieben 1987 für das vorliegende Buch. Ungedruckt.

Thomas Manns »Zauberberg« als Roman der Weimarer Republik – Vortrag, gehalten 1976 in der Universität Tübingen im Rahmen einer Ringvorlesung über die Weimarer Republik. Ungedruckt.

Hermann Hesses »Steppenwolf« – Erstdruck in den »Studi germanici«, der Zeitschrift des italienischen Germanistenverbandes, Rom 1964, Heft 2.

Norddeutsche Provinz mit Gloria Victoria. Zur Neuausgabe des Romans »Kaiserwetter« von Karl Jakob Hirsch – Die Neuausgabe des 1931 erschienenen und 1933 öffentlich verbrannten Romans »Kaiserwetter« erschien 1971 in Frankfurt. Die vorliegende Rezension wurde geschrieben für die »Hannoversche Allgemeine Zeitung« (4./5. März 1972).

Der pessimistische Aufklärer Kurt Tucholsky – Erweiterte Fassung eines Vortrags, der am 4. Dezember 1965 in der Universität Stockholm gehalten wurde. Erstdruck der vorliegenden Fassung in: Hans Mayer, Zur deutschen Literatur der Zeit, Reinbek 1967.

Retrospektive des bürgerlichen Heldenlebens – Geschrieben für das Jahressonderheft 1971 von »Theater heute«.

Hans Mayer in der
Bibliothek Suhrkamp

Brecht in der Geschichte
Band 284

Goethe. Ein Versuch über den Erfolg
Band 367

Doktor Faust und Don Juan
Band 599

Ein Denkmal für Johannes Brahms.
Versuche über Musik und Literatur
Band 812

Versuche über Schiller
Band 945

Bibliothek Suhrkamp

Verzeichnis der letzten Nummern

Bibliothek Suhrkamp

Alphabetisches Verzeichnis

Diese zehn »Ansichten« berichten von Deutschland aus dem Zeitraum etwa zwischen 1850 und 1933. Das begann mit dem Scheitern einer bürgerlichen Revolution von 1848/49 und endete dort, wo sich ein Zweites Reich, das seit 1918 Republik geworden war, nunmehr anschickte, als Drittes Reich die Jahrhunderte zu überdauern. Die deutschen Schriftsteller waren dabei stets skeptisch. Sogar Gustav Freytag, der literarische Sprecher eines Bürgertums, das sich selbst als heldenhaft empfand. Der Schweizer C. F. Meyer ist fasziniert von Bismarcks Reichsgründung, auch von dessen Ränkespiel, aber er zweifelt am Erfolg, wenn er die Geschichte vom Jürg Jenatsch erzählt. Bei Gerhart Hauptmann hat das Unterreich der Plebejer den Vorrang, aber die Welt der bürgerlichen Oberschicht wird trotzdem